MANUAL BÁSICO SOBRE ASILO POLÍTICO EN LOS ESTADOS UNIDOS DE AMÉRICA

Ángel Domínguez

Publicado por Ibukku
www.ibukku.com
Maquetación: Índigo Estudio Gráfico
Copyright © 2017 Ángel Domínguez
ISBN Paperback: 978-1-64086-111-4
Library of Congress Control Number: 2018930219

ÍNDICE

ADVERTENCIA LEGAL

El presente manual, así como las opiniones del autor aquí expresadas, no pretende en ningún momento proveer asistencia legal o sustituir los consejos de un abogado en cuanto a la materia de inmigración ni en cualquier otra materia.

El contenido del presente manual, es producto de la investigación e interpretación de la información disponible por los organismos oficiales en materia de inmigración y nacionalidad de los Estados Unidos de América en sus diversos medios oficiales, sin que eso signifique la exactitud y vigencia de los mismos; por lo que cualquier opinión o interpretación expresada por el autor, le pertenece a éste y en ningún momento pretende proveer consejo o asistencia legal sobre ningún caso o situación particular; se recomienda consultar a un abogado o consejero profesional y experimentado sobre cada caso, de manera de obtener la asistencia correspondiente.

Las fechas, formularios, planillas y lugares de envío de las diversas solicitudes aquí señaladas, pueden variar, ser inexactas o erróneas y no podrán ser tomadas en ningún momento como válidas, por lo que se recomienda a todos los usuarios consultar y verificar en las páginas oficiales de los respectivos organismos de inmigración o consultar con un abogado o consejero antes de llenar y/o presentar cualquier solicitud ante organismo alguno.

Las estadísticas presentadas son igualmente producto de la investigación e interpretación de datos presentados por organismos oficiales, por lo que las mismas pueden variar o diferir de los mismos, sin que esto signifique la veracidad de las mismas.

EXCEIÓN DE RESPONSABILIDAD

El presente manual busca proveer información básica para que el lector pueda familiarizarse de manera general con los formularios, procedimientos y normas que rigen el proceso de asilo en los Estados Unidos de América. Se recomienda a todos los lectores y/o usuarios del presente manual, buscar mayor información sobre la materia en las páginas oficiales de las instituciones del Gobierno de los Estados Unidos con competencia en las materias de inmigración y en cualquier otra materia aquí referida.

Igualmente, le informamos que las leyes de inmigración pueden ser muy complejas, por lo que sería imposible de describir todos los aspectos de la Ley en un solo manual o libro. Cada caso en particular puede tener diversas interpretaciones y soluciones, así como puede que alguno de los datos aquí presentados no aplique en su totalidad al caso específico, por lo que se le aconseja recurrir a un abogado debidamente certificado o una agencia sin fines de lucro acreditada por la Junta de Apelaciones de Inmigración para que lo aconseje o represente en cualquier proceso de inmigración.

El autor advierte que con el presente manual no pretende dar ningún tipo de asistencia legal o consejo en materia de inmigración ni en cualquiera materia y así lo reconoce el usuario o lector del presente manual, y en base a ello exime al autor de cualquier responsabilidad, por decisión alguna tomada por el usuario o lector del presente manual en referencia a la materia de inmigración o cualquier otra materia.

DEDICATORIA

A María Teresa y Ángel Antonio
sin sus enseñanzas nada hubiese sido posible

A mi esposa e hijos quienes son el motor para todo

INTRODUCCIÓN

La decisión de una persona de desplazarse o abandonar su país, en cualquier circunstancia, incluso dentro de lo que la doctrina ha denominado la emigración legal y ordenada, no es una decisión fácil de tomar, por cuanto se abandona y se deja atrás muchas cosas, entre ellas las raíces, costumbres, familia, amigos y otras tantas que solo quién está lejos de su país puede conocer y entender. Pero esa decisión es mucho más difícil y traumática, cuando no es tomada por decisión propia, sino que por el contrario surgen situaciones y factores externos que te obligan, muchas veces de manera inmediata e inesperada, a abandonar tu país y dejar todo atrás por cuanto tu vida corre peligro y de no hacerlo te convertirías en una víctima mas de la persecución, la intolerancia y la violencia.

La creciente propagación de regímenes autoritarios en el mundo, mayoritariamente en América Latina y el Caribe, así como la violencia provocada por el auge del terrorismo internacional y la escalada de conflictos armados, ha causado que millones de personas en el mundo entero hayan tenido que desplazarse de las áreas y lugares donde habitan y/o abandonar sus países de origen; huyendo para evitar ser alcanzados por esa violencia que pone en peligro sus vidas y las de su familia.

Son muchas las causas que han provocado que las personas se desplacen o abandonen sus países, pero las mayoritarias, son aquellas basadas en la persecución o por el temor fundado de ser perseguido por su raza, religión, nacionalidad, grupo social y/o opinión política; así como también las generadas producto de las guerras civiles, conflictos armados, catástrofes naturales y/o situaciones económicas internas de los países; sin embargo, no todas las causas que generan esa movilización interna o externa son susceptibles de poder ser protegidos por medio de la figura del asilo; en razón de ello, realizaremos mas adelante en el desarrollo capitular del presente manual, un análisis completo sobre dicha figura, así como sus diferencias y semejanzas con otras figuras y sus consecuencias en marco al derecho internacional humanitario y en especial dentro del ordenamiento jurídico vigente en los Estados Unidos de América.

CAPÍTULO I
¿QUÉ ES EL ASILO?

A los fines de entender la figura del asilo, es necesario en primer lugar, establecer claramente en qué consiste dicha figura y cuáles son sus fundamentos jurídicos, para posteriormente analizar sus elementos constitutivos y necesarios para que se configure dicha figura en marco al derecho internacional humanitario.

Así, observamos que es en la Declaración Universal de los Derechos Humanos, proclamada en la Asamblea General de las Naciones Unidas en París, el 10 de diciembre de 1948, donde por primera vez se estableció los derechos humanos fundamentales que deben protegerse en el mundo entero y dentro de los cuales se encontraba la figura del asilo. De esta manera, en su artículo 14 se estableció que "1. En caso de persecución, toda persona tiene derecho a buscar asilo, y disfrutar de él, en cualquier país. 2. Este derecho no podrá ser invocado contra una acción judicial realmente originada por delitos comunes o por actos opuestos a los propósitos y principios de las Naciones Unidas."

De igual forma, la Declaración Americana de los Derechos y Deberes del Hombre, aprobada en la Novena Conferencia Internacional Americana en Colombia en 1948, estableció en su artículo XXVII que "toda persona tiene el derecho de buscar y recibir asilo en territorio extranjero, en caso de persecución que no sea motivada por delitos de derecho común y de acuerdo con la legislación y con los convenios internacionales".

Posteriormente, la Convención Americana sobre Derechos Humanos de 1969, mejor conocida con el Pacto de San

José, estableció en el numeral 7, del artículo 22, correspondiente a los Derechos de Circulación y de Residencia, que "toda persona tiene el derecho de buscar y recibir asilo en territorio extranjero en caso de persecución por delitos políticos o comunes conexos con los políticos y de acuerdo a la legislación de cada Estado y los Convenios Internacionales.

De esta manera observamos, como los diferentes pactos y convenciones internacionales sobre los derechos humanos fundamentales y válidamente reconocidos por los diferentes países suscriptores, reconocieron la figura del asilo, como uno de los derechos humanos fundamentales inherentes al ser humano y a la vez lo establecieron como una garantía y protección ante la persecución que pudiese sufrir cualquier ciudadano en su país de origen producto de su raza, religión, grupo social u opinión política.

En este sentido, la Ley de Inmigración y Nacionalidad de los Estados Unidos de América (INA por sus siglas en inglés) de 1965, estableció en su sección 101(a)(42) que el término "refugiado" se refiere "(A) cualquier persona que se encuentre fuera de cualquier país de la nacionalidad o en el caso de una persona sin nacionalidad, que este fuera de cualquier país en el que esa persona vivió habitual y últimamente y que no puede o no quiere regresar, y es incapaz o no está dispuesto a recurrir a la protección del país debido a la persecución o a un temor fundado de persecución por raza, religión, nacionalidad, pertenencia a un determinado grupo social u opinión política. (B) en circunstancias tales que el Presidente después de la consulta apropiada definido en el artículo 207 (e) de esta Ley, podrá especificar, cualquier persona que país de la nacionalidad de esa persona o, en el caso de una persona que no posea nacionalidad, dentro del país en el que dicha persona tenga su residencia habitual, y perseguido o que tiene un temor fundado de persecución a causa de raza, religión, nacionalidad, pertenencia a un determinado grupo social o opinión política. El término "refugiado" no incluye a ninguna persona que ordenó, incitó, asistió o participó de otra manera en la persecución de cualquier persona en la raza, la religión, la nacionalidad, la pertenencia a un determinado grupo social, o la opinión política. Para efectos de las determinaciones bajo esta Ley, una persona que se ha visto obligado a abortar un embarazo o a someterse a un esterilización o que haya sido perseguido por incumplimiento o negativa a un procedimiento o para otra resistencia a un programa coercitivo de control poblacional, se considerará perseguido por razones de opinión política, y persona que tiene un temor fundado de que se verá obligado a someterse a un procedimiento o sujeto a persecución por tal falta, rechazo o resistencia se considerará que tiene un temor fundado de persecución a causa de opinión política...". (la presente traducción corresponde a una traducción no oficial de la Ley de Inmigración y Nacionalidad, puede contener errores, omisiones e inexactitudes y solo se utiliza de manera referencial, por favor consultar el texto original de dicha Ley)

De esta manera, observamos que la Ley de Inmigración y Nacionalidad (INA por sus siglas en inglés), establece unas condiciones básicas y necesarias para que una persona pueda ser considerada como refugiado, las cuales son las siguientes:

a.- Que la persona se encuentre fuera de los Estados Unidos.
b.- Que la situación de dicha persona constituya una inquietud humanitaria especial para los Estados Unidos.
c.- Que se pueda demostrar que esa persona ha sufrido persecución o que tema ser perseguido en

su país de origen por razones de raza, religión, nacionalidad, opinión política, o por pertenecer a un cierto grupo social.

d.- Que la persona no se haya reubicado firmemente en otro país.

e.- Que la persona sea elegible para la admisión dentro de los Estados Unidos conforme a la legislación vigente.

f.- Que esa persona que pretende obtener el estatus de refugiado, no debe haber ordenado, incitado, ayudado o participado en la persecución de ninguna persona por razones de raza, religión, nacionalidad, opinión política, o por pertenecer a un cierto grupo social.

Ahora bien, conforme a lo anterior y a lo dispuesto por el U.S Citizenship and Inmigration Services (UCSIS), el Asilo es una forma de protección para las personas que satisfacen la antes señalada definición de refugiado, que ya se encuentran en los Estados Unidos y que piden admisión en un puerto de entrada. De igual forma, se ha establecido que cualquier persona, sin importar su país de origen o su estatus de inmigración actual, puede solicitar asilo.

17

CAPÍTULO II
CAUSAS DEL ASILO

Como bien establece la Ley de Inmigración y Nacionalidad de los Estados Unidos (INA en su siglas en inglés) para que una persona solicite la protección de los Estados Unidos de América, esta persona debe haber sufrido persecución o porque tiene temor de que sufrirán persecución por su raza, religión, nacionalidad, pertenencia a un grupo social en particular y/o su opinión política.

En este sentido, revisaremos el tratamiento que se le ha dado a cada uno de estos supuestos, de manera de entender y ubicarlos mas fácilmente conforme a cada uno de ellos.

a.- Persecución o temor de persecución por la condición de raza.

Cuando se habla de persecución o temor de persecución por la raza, debemos señalar que no se trata de un concepto único ni individualizado, que pueda expresarse o reconocerse fácilmente, sino por el contrario ha sido producto de muchas horas de discusiones e interpretaciones, que han logrado permitir la construcción de un concepto que es el que mas se acerca a la realidad, y el cual esta referido al factor y a la condición biológica inherente a todos los seres humanos y que comprende no solo el color de la piel, sino que es mucho mas amplio, ya que incluye el factor hereditario y las condiciones fisionómicas del ser humano.

b.- *Persecución o temor de persecución por la religión*

La Declaración Universal de Derechos Humanos estableció en su artículo 18 que "Toda persona tiene derecho a la libertad de pensamiento, conciencia y de religión, este derecho incluye la libertad de cambiar de religión o de creencia, así como la libertad de manifestar su religión o su creencia, individual o colectivamente, tanto en público como en privado, por la enseñanza, la práctica, el culto y la observancia".

En este sentido, se entiende que existe una persecución o temor de persecución por la religión, cuando se atenta o se trata de limitar e inhibir la práctica y manifestación de cualquier tipo de religión, sea cualquiera que sea su origen, fundamento y/o creencia. Cuando hablamos de cualquier tipo de religión o creencia, lo hacemos en el sentido mas amplio de la misma, por cuanto incluye no solo cualquier tipo de religión, sino también la posibilidad de la no existencia o creencia de religión alguna.

En cualquiera de estos casos, las personas pueden expresar libremente sus pensamientos, y cualquier intento de limitarlos a través de la persecución en su sentido mas amplio, podría ser susceptible de ser protegido por la figura del asilo.

c.- *Persecución o temor de persecución por la nacionalidad*

De conformidad con lo establecido en la Declaración Universal de los Derechos Humanos, toda persona tiene el derecho a obtener y poseer una nacionalidad y por tanto no se le podrá privar arbitrariamente de ella, ni tampoco se le podrá privar el derecho de cambiar de nacionalidad.

19

Así, debemos señalar que la nacionalidad de un individuo, desde el punto de vista jurídico, esta directamente relacionada al vinculo de pertenencia de la persona con un Estado y que lo hace titular de ciertos derechos y deberes, los cuales el Estado se encuentra en la obligación de reconocer y proteger, así como el individuo debe cumplir y someterse a las regulaciones que a tal fin disponga el Estado.

Pero esta definición no es la única válida para entender la viabilidad y posibilidad de la persecución por razones de nacionalidad, ya que como bien señala el manual de la AC-NUR en su párrafo 74, "...la nacionalidad también puede ser vista como la pertenencia a un grupo étnico o que compartan características comunes, identificables y que les sean propias como puede ser el lenguaje, valores, etc...".

De manera tal, que nadie podrá ser perseguido, por el hecho de poseer una nacionalidad o de pertenecer a un Estado específico, ya sea en el país de origen o incluso dentro de las fronteras de otro Estado.

d.- Persecución o temor de persecución por la pertenencia a un grupo social determinado

La pertenencia a un grupo social esta referida a la condición de identificación con un grupo de personas con el cual se comparten características comunes y similares, que les hace identificarse entre si y ser percibidos por los demás como pertenecientes a un mismo grupo social.

Formar parte de un grupo social no conlleva necesariamente que se compartan las mismas ideas o se piense de igual forma, sino que exista un vinculo común entre los miembros de dicho grupo que haga que las personas los perciban como tal y que por formar parte de dicho grupo sean perseguidos o se sienta el temor de serlo.

Dentro de los grupos sociales identificados y reconocidos por los organismos internacionales, nos encontramos con las mujeres; los homosexuales, travestis y transexuales; y las minorías étnicas, religiosas o lingüísticas; entre otros. En este punto, es importante recalcar que el solo hecho de pertenecer a este grupo social no conlleva necesariamente a la condición de refugiado, sino que se debe comprobar que por el hecho de pertenecer a dicho grupo social se ha sufrido persecución o se teme sufrirla; en todo caso, es necesario evaluar cada caso en particular, así como el entorno y la situación bajo la cual se alega la persecución alegada.

e.- Persecución o temor de persecución por la opinión política.

El derecho que poseen todos los ciudadanos de expresarse libremente es mundialmente reconocido y ha sido protegido no solo por las diversas convenciones y manuales internacionales; sino que también han sido reconocidos y adoptados por la mayoría de los países del mundo. Ahora bien, el derecho de expresar libremente la opinión, no solo abarca el hecho de hacerlo, sino que también incluye el no ser molestado de ninguna forma por manifestar sus ideas, ya sean públicas o privadas.

Ahora bien, cuando hablamos de la expresión de la opinión política, normalmente se refiere, a la manifestación de desacuerdo o critica contra el Gobierno del Estado en el cual la persona reside o del cual es originario o contra las ideas, proyectos y la forma en la cual se lleva a cabo la gestión de gobierno. Sin embargo, es importante señalar que la simple oposición al gobierno o la disconformidad con éste, no es causa suficiente para alegar la persecución o el temor a ésta, sino que se debe demostrar en primer lugar que la opinión política expresada haya llegado al conocimiento de las autoridades; segundo, que las autoridades atribuyan la opinión directamente a la persona que realizó la crítica; tercero, que la opinión haya sido tomada con molestia o desagrado por las autoridades; cuarto, que producto de dicha opinión se haya generado una acción por parte del Gobierno, ya sea una investigación, arrestos, multas, aperturas de juicios, censura, intimidación, represión etc.; de manera de poder verificar que efectivamente dicha opinión generó una causa de persecución por parte del Estado.

Expuestas las causas o fundamentos sobre los cuales se basa la solicitud de asilo, es importante manifestar que la similitud de los contenidos de las anteriores definiciones de cada una de las causas, hacen que no sea materia fácil, la de identificar el supuesto bajo el cual se alega el temor o persecución. También puede existir el caso, en que la situación alegada pueda ser subsumida en uno o varios supuestos, es decir, que puede existir la posibilidad que se alegue que se esta sufriendo persecución por dos o mas razones, sin que esto signifique la exclusión inmediata de una de ella; en todo caso siempre es necesario que un experto en la materia, analice con detenimiento cada caso en particular, conociendo la totalidad del entorno que rodea la situación alegada y así poder realizar la aproximación correcta y evitar así, que exista errores u omisiones que puedan generar la negativa de la solicitud presentada.

La correcta aproximación a la causa que generó la persecución, así como la forma en que la misma es plasmada en la solicitud de asilo, es una parte fundamental al momento de solicitar la protección de un Estado; es por ello que siempre se debe consultar a un experto, quien a través de su conocimiento y experticia, le recomendará la mejor forma para hacerlo.

CAPÍTULO III
EL PROCEDIMIENTO DE
LA SOLICITUD DE ASILO
AFIRMATIVO

Aunque existen diversas formas y medios para solicitar la protección de los Estados Unidos ante la persecución o temor de persecución por razones de raza, religión, nacionalidad, pertenencia a un grupo social y/o opinión política; en el presente manual solo nos referiremos al procedimiento de solicitud de asilo afirmativo, el cual se realiza estando dentro de los Estados Unidos dentro del lapso de un año de la entrada del solicitante a territorio norteamericano.

Así, para solicitar la protección del asilo dentro de los Estados Unidos de América, es necesario presentar ante la autoridad correspondiente, la forma I-589 denominada "Application for Asylum and for Withholding of removal" o "Aplicación para asilo y para retención de retirada de los Estados Unidos" (anteriormente llamada retención de deportación). En esta forma, se debe establecer que la persona es un refugiado, que es incapaz o que no desea retornar a su país de nacionalidad u origen o donde habitualmente reside, por persecución o temor a ser perseguido por causas de raza, nacionalidad, religión y/o opinión política.

a.- Quiénes pueden solicitar asilo

Toda persona que se encuentre en los Estados Unidos y que no sea ciudadano Norteamericano, independientemente de su estatus migratorio, puede solicitar la protección del asilo; incluso estando en condición de ilegalidad a menos que los estatutos o regulaciones dispongan lo contrario.

23

El solicitante de asilo puede incluir en su solicitud a su esposa e hijos no casados menores de 21 años que se encuentren presentes en los Estados Unidos de América; para ello se debe consignar el documento primario que compruebe la relación familiar entre el solicitante y los beneficiarios.

En el caso de la esposa, se debe incluir tres (3) copias del certificado o partida de matrimonio y de ser necesario, tres (3) copias de el certificado de divorcio de cualquier matrimonio anterior; y en el caso de los hijos no casados menores de 21 años, se debe consignar tres (3) copias del certificado o partida de nacimiento.

En el caso que no este disponible, por cualquier razón, la identificación primaria que verifique la relación entre el solicitante y los beneficiarios, se podrá presentar evidencia secundaria. Dentro de esta evidencia puede consignar records médicos, certificados religiosos, records colegiales o cualquier otro que permita al oficial verificar la relación entre el solicitante y los beneficiarios. Igualmente, podrá consignar una declaración jurada, ya sea de un familiar u otra persona, la cual no debe necesariamente ser ciudadano Americano ni residente, que pueda dar constancia de la relación existente. Esta declaración debe:

a.1) describir completamente las circunstancias o eventos que se pretenden demostrar y como la persona que realiza la declaración tuvo conocimiento del mismo.
a.2) Tener conocimiento personal del evento que se pretende demostrar;
a.3) Identificación completa (nombres, dirección, fecha y lugar de nacimiento) de cada persona que suscriba la declaración, así como la relación entre el solicitante y la persona que da la declaración.

En el caso que el solicitante se le haya otorgado el beneficio del asilo y que su esposa e hijos se encuentren fuera de los Estados Unidos; éste podrá solicitar que se otorguen similares beneficios a ellos. En este caso, se debe presentar la forma I-730 correspondiente a "Refugee and Asylee Relative Petition" o "Petición de familiares de refugiados y asilados".

b.- Tiempo para aplicar para el asilo

La forma I-589 debe ser presentada dentro del año de la llegada del solicitante de asilo a los Estados Unidos.

En el caso que se aplique posterior al año de llegada del solicitante a los Estados Unidos, el solicitante debe explicar de manera detallada cual fue la razón que impidió al solicitante aplicar dentro del año de arribo.

El gobierno podría aceptar como explicación algunos cambios en las condiciones del país del solicitante; ciertos cambios en tus propias circunstancias y algunos otros eventos excepcionales que pudieron afectar al solicitante y evitar que presentara su aplicación dentro del lapso establecido. Algunas de estas circunstancias que el Gobierno de los Estados Unidos podría considerar que afectan materialmente la elegibilidad del aplicante para obtener el asilo son:

b.1) Cambios en las condiciones del país de origen del solicitante.
b.2) Cambios en las circunstancias que afectan materialmente la elegibilidad de asilo para el solicitante, incluyendo cambios en la Ley aplicable en los Estados Unidos y/o actividades en las cuales el solicitante se involucra fuera del país de origen y que ponen a riesgo al solicitante.

b.3) En el caso de beneficiarios de otro solicitante que pierden su condición como tal, como por ejemplo por la pérdida de la relación matrimonial, el divorcio, la muerte o el logro de los 21 años de edad.

Adicionalmente a los casos de cambio de circunstancias arriba señalados, pueden existir otras circunstancias de carácter extraordinario que podrían excusar al solicitante de presentar su aplicación de asilo dentro del año establecido. En todo caso, debe el solicitante probar satisfactoriamente ante el oficial o juez de inmigración que las circunstancias extraordinarias influyeron directamente en la imposibilidad material de presentar la aplicación dentro del año establecido y que dichas causas no fueron creadas intencionalmente por el solicitante por su acción o inacción.

Dentro de estas circunstancias excepcionales encontramos las siguientes, las cuales son de carácter enunciativo y no taxativo, pudiendo existir algunas otras que así lo considere el oficial o juez de inmigración:

a) Enfermedad grave o discapacidad física o mental, incluido cualquier efecto de la persecución o de la violencia sufrida en el paso, durante el primer año de llegada a los Estados Unidos.

b) Discapacidad legal, esto incluye cuando el solicitante es un menor sin representante legal o que sufre de discapacidad mental durante el primer año de llegada a los Estados Unidos.

c) Inefectiva asistencia de un abogado; para ello el solicitante de asilo debe presentar una declaración jurada en la que manifieste el acuerdo o contrato que celebró con el abogado con respecto a las acciones a tomar en su caso y cual fue las acciones realizadas o no por el abogado. Igualmente podrá presentar la queja formulada contra el abogado ante las autoridades disciplinarias competentes, señalando las violaciones a las responsabilidades éticas o legales del abogado. En todo caso, el abogado deberá ser informado de las alegaciones presentadas contra el y este tendrá la oportunidad de responder.

d) El solicitante mantenía protección de un TPS o un estado legal de inmigrante o no inmigrante o recibió libertad condicional, hasta un período razonable antes de la presentación de la solicitud de asilo.

e) El solicitante presentó una solicitud de asilo antes de la expiración del plazo de un año, pero el servicio de inmigración rechazó esa solicitud porque no se presentó correctamente.

f) La muerte o enfermedad grave o incapacidad del representante legal del solicitante o un miembro de la familia inmediata del solicitante.

Las anteriores circunstancias extraordinarias, son alguna de las cuales el servicio de inmigración ha tomado como válidas, sin embargo, es importante recalcar que no son las únicas existentes y que es el oficial o juez de inmigración quien las valorará dentro de cada caso específico y verificara si la misma es o no aplicable en dicho caso.

De igual forma, se debe tomar en cuenta que, en los casos que no se haya aplicado al asilo dentro del año, ya sea porque exista algún cambio en las circunstancias o haya sobrevenido una circunstancia excepcional; el solicitante debe presentar su aplicación dentro de un tiempo razonable; el cual si bien la Ley, no especifica cuanto es éste tiempo razonable, se entiende que es lo mas pronto posible desde el momento que se dio la circunstancia o que la misma fue sobrellevada o superada; en todo caso, es el oficial o juez de inmigración quien evaluará si el solicitante realizó la aplicación en tiempo razonable o no.

Es muy importante buscar asistencia o consejo legal de un experto antes de presentar una solicitud de asilo, pero aún mas cuando se pretende alegar algunas de las circunstancias antes mencionadas ante la falta de presentación de la aplicación durante el lapso de un año del arribo a los Estados Unidos; ya que se debe demostrar fehacientemente la existencia de esa circunstancia y la experiencia de un abogado es vital en cuanto a la forma de presentación de la misma.

c.- Planilla o forma para la solicitud de Asilo

La aplicación para solicitar el asilo o la retención de retiro de los Estados Unidos de América es la forma I-589 denominada "application for Asylum and for Withholding of Removal" correspondiente a la edición del 16 de mayo de 2017 y la cual puede ser encontrada en la página oficial del Servicio de Inmigración y Ciudadanía de los Estados Unidos de América (www.ucsis.com).

Previa a esta edición, se encontraba vigente la edición del 29 de diciembre de 2014, la cual fue aceptada hasta el 27 de agosto de 2017; siendo que posterior a esta fecha solo se acepta la versión del 16 de mayo de 2017.

d.- Como debe ser llenada la forma I-589.

La aplicación debe ser llenada utilizando tinta negra y deben ser completados la totalidad de los campos de la aplicación; siendo que en el caso que alguno de ellos se desconozca o no sea aplicable, el solicitante debe responder "none", "not applicable" or "Unknow"; correspondientes a ninguno, no aplicable o desconocido en su traducción al español.

Esta planilla debe ser llenada en su totalidad en inglés; si la misma es completada en cualquier otro idioma, la misma será devuelta al solicitante.

Las preguntas y datos solicitados en la planilla, deben ser respondidos lo mas completo y exacto posible, ya que de faltar datos o que los mismos estén incompletos, la planilla será igualmente devuelta al solicitante.

e.- *Lugar al cual debe ser enviada la forma I-589.*

El lugar de envío de la aplicación, así como la unidad o servicio que analizará dicha solicitud, dependerá del lugar en el cual se encuentre residiendo el solicitante. En el cuadro siguiente, mostraremos a donde debe enviar la información, de conformidad al lugar donde reside. Recuerde que esta información es solamente de carácter referencial y es tomada de la página oficial del UCSIS, la misma podría cambiar o variar en cualquier momento, por eso consulte la página oficial del UCSIS o un abogado experto en inmigración antes de proceder al envío de su solicitud.

Si usted vive en:	Debe enviar la solicitud a:
Alabama Arkansas Colorado District of Columbia Florida Georgia Louisiana Maryland Mississippi New Mexico North Carolina Oklahoma Puerto Rico South Carolina Tennessee Texas U.S. Virgin Islands Utah Virginia West Virginia Wyoming Western Pennsylvania counties of Allegheny, Armstrong, Beaver, Bedford, Blair, Bradford, Butler, Cambria, Clarion, Clearfield, Crawford, Elk, Erie, Fayette, Forest, Greene, Indiana, Jefferson, Lawrence, McKean, Mercer, Somerset, Venango, Warren, Washington, and Westmoreland	Texas Service Center Attn: Asylum P.O. Box 851892 Mesquite, TX 75185-189 Texas Service Center Attn: Asylum P.O. Box 851892 Mesquite, TX 75185-189
Arizona California counties of Imperial, Los Angeles, Orange, Riverside, San Bernardino, San Diego, Santa Barbara, San Luis Obispo, or Ventura Guam Hawaii Nevada counties of Clark, Esmerelda, Nye or Lincoln	California Service Center P.O. Box 10881 Laguna Niguel, CA 92607-0881

Alaska Idaho Illinois Indiana Iowa Kansas Kentucky Michigan Minnesota Missouri Montana Nebraska North Dakota Ohio Oregon South Dakota Washington Wisconsin Any county in California or Nevada not listed above	Nebraska Service Center P.O. Box 87589 Lincoln, NE 68501-7589 Nebraska Service Center P.O. Box 87589 Lincoln, NE 68501-7589
Connecticut Delaware Maine Massachusetts New Hampshire New Jersey New York Rhode Island Vermont A county in Pennsylvania which is not listed above	Vermont Service Center Attention: Asylum 75 Lower Welden Street St. Albans, VT 05479-0589

Si se encuentra actualmente en una Corte de Inmigración, debe enviar su forma I-589 a la Corte de Inmigración que tenga jurisdicción sobre su caso.

f.- Costo de la aplicación

Esta forma no posee costo y puede ser descargada gratuitamente del portal web oficial del servicio de inmigración y ciudadanía de los Estados Unidos de América.

El Gobierno de los Estados Unidos hace una excepción y permite el fácil acceso a esta protección por parte de los solicitantes, ya que entienden que la mayoría de las personas que solicitan asilo, deben salir huyendo intempestivamente de su estado de origen o país de residencia ante la persecución o el temor de persecución, dejando atrás todos sus bienes y propiedades, siendo imposible costear un "fee" o costo de aplicación.

Los costos de abogados o expertos, en el caso de utilizarlos, corren por cuenta del solicitante y los precios varían dependiendo de la experiencia, experticia y renombre del abogado; sin embargo, existen organizaciones y asociaciones que prestan ayuda a solicitantes de asilo, con precios mas económicos e incluso a sin costo alguno.

g.- Contenido de la aplicación I-589

La aplicación I-589 esta compuesta por 7 partes que van desde el literal A hasta la G y contiene la siguiente información.

g.1) La primera parte, denomina "PART A" de la aplicación, esta compuesta por tres secciones, las cuales son las siguientes:

g.1.a) Información acerca del solicitante, esta sección contiene 25 campos o preguntas sobre la información del solicitante, que permitirán al servicio de inmigración la identificación, procedencia y ubicación del solicitante.

g.1.b) Información acerca de la esposa e hijos del solicitantes, esta sección contiene 21 campos o preguntas por la esposa y cada uno de los hijos y busca obtener toda la identificación, procedencia y ubicación de la esposa e hijos del solicitante y de igual forma se pregunta si estos van a ser incluidos en la solicitud, de manera de extenderles los beneficios.

g.1.c) Información sobre el "background" del solicitante, en esta sección el solicitante debe detallar información sobre su residencia antes de llegar a los Estados Unidos, sus empleos anteriores, su educación, así como información sobre padres y hermanos.

g.2) La segunda parte de la aplicación, denominada "PART B", esta referida al contenido de la aplicación y es una de las partes mas importantes, ya que es aquí donde el solicitante debe manifestar clara y precisamente, las razones por las cuales esta solicitando el asilo o la retención de remoción de los Estados Unidos, ya sea por raza, religión, nacionalidad, opinión política, membresía en un grupo social en específico o en base a la convención contra la tortura.

Igualmente, se pregunta información sobre el solicitante y su familia, referida a:

g.2.a) Si han sufrido amenazas, maltratos o daños en el pasado.
g.2.b) Si tienen miedo de recibir amenazas, maltratos o daños si regresan a su país de origen.
g.2.c) Las organizaciones que pertenecen o han pertenecido y su nivel de participación.
g.2.d) Si han sido arrestados o sujetos de tortura en su país de origen o de residencia habitual.

g.3) La tercera parte de la aplicación, denominada "PART C" esta referida a información adicional sobre la aplicación, y preguntan sobre si el solicitante o su familia han:

g.3.a) Solicitado anteriormente la protección del asilo en Estados Unidos.

g.3.b) Si antes de dejar el país del cual se esta reclamando el asilo, viajaron o residieron en otro país antes de entrar a los Estados Unidos.

g.3.c) Si han recibido algún estatus legal en otro país distinto del que están solicitando el asilo.

g.3.d) Si han ordenado, asistido o participado en amenazas, maltratos o caños a otras personas.

g.3.e) Si has regresado al país del cual sientes miedo o amenazas.

g.3.f) Si estas aplicando dentro del año de la llegada a los Estados Unidos.

g.3.g) Si han cometido algún crimen o han sido arrestados, levantado cargos, convictos o sentenciados por algún crimen en los Estados Unidos.

g.4) La cuarta parte de la aplicación, denominada "PART D", esta referida a la firma del solicitante; en esta sección es importante señalar que el solicitante al estampar su nombre y su firma, esta certificando y prestando juramento, bajo penalidad de perjurio y bajo las leyes de los Estados Unidos de América que toda la información que esta otorgando es verdadera y que cualquier declaración falsa podría generar penas de hasta de 25 años de prisión. Hacer aplicaciones frívolas pueden generar que el solicitante pueda ser inelegible para cualquier otro tipo de beneficio bajo la Ley de Inmigración y Nacionalidad de los Estados Unidos de América, incluso si fue recomendado por alguien realizar la declaración frívola.

Toda la información que brinda el solicitante en su solicitud de asilo, puede ser usada como evidencia en algún procedimiento posterior de deportación y/o retiro.

g.5) La quinta parte de la solicitud, denominada "PART E", esta referida a la declaración e identificación de la persona que preparó la planilla, siempre y cuando sea distinta al solicitante, su esposa, padres o hijos. En el caso que la planilla haya sido llenada por un abogado, este debe colocar su número de inscripción en la barra del estado y su cuenta con el USCIS en el caso de ser aplicable.

g.6) La sexta parte de la solicitud, denominada "PART F", es para ser llenada en la entrevista del asilo frente al Oficial de Asilo del Departamento de "Homeland Security" o del Servicio de Inmigración y Ciudadanía de los Estados Unidos (UCSIS por sus siglas en inglés) y en la cual el solicitante jura y da fe que todos los documentos que esta firmando, incluyendo la aplicación y sus anexos, , son verdaderos y fueron hechos por el solicitante y por tanto queda advertido sobre la posibilidad de inelegibilidad para cualquier otro beneficio migratorio, ante declaraciones frívolas o falsas.

g.7) La séptima y última parte de la solicitud, denominada "PART G", es para ser llenada en la audiencia de remoción, frente a un Juez de Inmigración del Departamento de Justicia de los Estados Unidos o frente al Oficial Ejecutivo de la Oficina de Revisión de Inmigración; y en la cual el solicitante jura y da fe que todos los documentos que esta firmando, incluyendo la aplicación y sus anexos, , son verdaderos y fueron hechos por el solicitante y por tanto queda advertido sobre la posibilidad de inelegibilidad para cualquier otro beneficio migratorio, ante declaraciones frívolas o falsas.

CAPÍTULO IV
AUTORIZACIÓN DE EMPLEO

Si su aplicación de asilo es aprobada, Usted tendrá permiso para trabajar legalmente en los Estados Unidos y no tendrá ningún tiempo de espera, por lo que podrá aplicar a su autorización de empleo tan pronto tenga su aprobación. La sola solicitud de asilo no otorga automáticamente permiso para trabajar. Sin embargo, si su aplicación se encuentra pendiente y han pasado mas de 150 días desde que su aplicación fue aceptada por el Servicio de Inmigración y Ciudadanía de los Estados Unidos, Usted podrá solicitar un permiso legal de trabajo.

El lapso de 150 días al cual se hace referencia, se cuenta a partir que la solicitud fue aceptada y no se tomarán en cuenta los retrasos en la aplicación causados directamente por el solicitante, esto incluye por ejemplo, no presentarse a la toma de huellas y otras capturas biométricas.

a.- Lapso para solicitar el permiso de trabajo

SI su solicitud de asilo es aprobada, Usted podrá solicitar su permiso de trabajo inmediatamente. Si en cambio, su solicitud se encuentra pendiente por mas de 150 días, Usted podrá solicitar un permiso de trabajo; siendo que si su aplicación no ha sido negada dentro de los 180 días desde que fue presentada completamente la solicitud de asilo, a Usted le será otorgado su permiso de trabajo, siempre y cuando complete los requisitos establecidos por el Servicio de Inmigración y Ciudadanía de los Estados Unidos de América.

b.- Planilla o Forma para solicitar la autorización de empleo.

La forma para solicitar una autorización de empleo es la I-765 denominada "Application for Employment Authorization", la última edición es la correspondiente al 17 de julio de 2017; siendo que a partir de diciembre 4, 2017, solo será aceptada dicha forma. Esta planilla no pertenece únicamente a los solicitantes de asilo, sino que es usada por diversas categorías de solicitantes dentro de los cuales encontramos los siguientes:

b.1) Asilados y Refugiados, así como su esposa e hijos
    b.1.a) Refugiados
    b.1.b) Autorizados como refugiados
    b.1.c) Asilados
    b.1.d) Solicitantes de Asilo

b.2) Categorías por Nacionalidad
    b.2.a) Ciudadanos de Micronesia, Islas Marshall o Palau
    b.2.b) Diferimiento de Partida Forzada (DED en sus siglas en Inglés)
    b.2.c) Condición de Protección Temporal (TPS en sus siglas en inglés)
    b.2.d) Beneficiarios de La Ley de Ajuste Nicaragüense y Alivio Centroamericano
    b.2.e) Cónyuge e hijos de Representante de Asuntos Económicos y Culturales de Taipéi (TECRO en sus siglas en inglés)

b.3) Estudiantes Extranjeros
    b.3.a) Estudiantes buscando realizar prácticas o pasantías.

b.3.b) Estudiantes que les han ofrecido trabajo fuera del campus universitario por una organización internacional calificada

b.3.c) Estudiantes buscando empleo fuera del campus por una severa dificultad económica.

b.3.d) Esposa e hijos menores de un visitante de intercambio.

b.3.e) Estudiantes buscando practicas de entrenamiento después de completar sus estudios.

b.4) Dependientes de empleados de Misiones Diplomáticas, Organizaciones Internacionales o miembros de la OTAN (NATO en sus siglas en inglés).

b.4.a) Dependientes de Oficiales Gubernamentales Extranjeros.

b.4.b) Dependientes de Organizaciones Internacionales

b.4.c) Dependientes de miembros de la OTAN (NATO en sus siglas en inglés).

b.5) Empleo basado en categorías no inmigrantes.

b.5.a) Personal doméstico de empleado no inmigrante.

b.5.b) Personal domestico de un ciudadano Americano.

b.5.c) Empleado de una línea aérea extranjera.

b.5.d) Esposa de un Inversor.

b.5.e) Esposa de un empleado transferido

b.5.f) Esposa de un Inversor CNMI

b.5.g) Esposa de un trabajador no inmigrante (ciertos casos)

b.5.h) Beneficiario Principal de una petición de empleo como inmigrante que este enfrentando especiales circunstancias.

b.5.l) Esposa e hijos no casados del beneficiario principal de una petición aprobada de empleo b.6) Categorías basadas en familia de un no inmigrante.

b.6.a) Prometida o dependientes no inmigrantes de un ciudadano americano.

b.6.b) Esposa y dependientes no inmigrantes de un ciudadano americano.

b.6.c) Beneficiarios del Programa de Unidad Familiar

b.6.d) Beneficiarios del "Life Family unity".

b.6.e) Portadores de visas V-1,V-2 o V-3.

b.7) Solicitantes de Autorización de empleo que han aplicado a un ajuste de estatus.

b.7.a) Aplicantes de ajuste de estatus.

b.7.b) Aplicantes de ajuste de estatus basados en residencia continua desde enero 1, 1972.

b.7.c) Renovación de autorización de empleo por el programa de interés nacional para médicos.

b.8) Otras categorías.

b.8.a) No inmigrantes bajo la categoría N-8 o N-9

b.8.b) Beneficiarios de la retención de deportación

b.8.c) Aplicantes de suspensión de deportación.

b.8.d) Autorizados por interés público.

b.8.e) Acción diferida

b.8.f) Beneficiarios de DACA

b.8.g) Orden final de deportación

b.8.h) Solicitantes de legalización del programa "Life"

b.8.i) No inmigrantes bajo categoría T-1.

b.8.j) No inmigrantes bajo categoría T-2, T-3 y T-4.

b.8.k) No inmigrantes bajo categoría U-1.

b.8.l) No inmigrantes bajo categoría U-2M U-3, U-4 y U-5.

b.8.m) Peticionarios de "Wava".

c.- *Como debe ser llenada la forma I-765*

La forma debe ser llenada en su totalidad en tinta negra, sin dejar preguntas sin responder, en el caso que alguna pregunta no aplique se debe colocar "N/A" (Not applicable en inglés) o la palabra "NONE" correspondiente a "ninguno" en su traducción al español.

Debe estar firmada correctamente en original, no se aceptan copias firmadas de la aplicación o con el nombre escrito a mano en lugar de una firma. En el caso de aplicar, toda planilla debe ir acompañada del apropiado pago de la tasa.

Toda evidencia inicial debe ser consignada con los documentos que la soporten y en el caso que cierto documento no se encuentre disponible o no se pueda obtener al momento de la aplicación, Usted debe demostrar una evidencia secundaria o a través de una o mas declaraciones juradas de personas que no sea partes del proceso y que tengas conocimiento directo del evento o circunstancia alegada.

Todo documento debe ser consignado en copia legible, al menos que se le solicite consignar algún documento en original con la petición; se debe tomar en cuenta que todo documento original consignado puede quedar como parte de los archivos y no será automáticamente devuelto.

Todo documento que contenga un idioma extranjero distinto al inglés, debe ser consignado al Servicio de Inmigración y Ciudadanía de los Estados Unidos de América acompañado de una completa traducción al idioma inglés, realizada por un traductor debidamente certificado y competente para traducir los documentos del lenguaje extranjero al inglés.

d.- *Documentos a consignar para solicitar la autorización de empleo*

Toda solicitud de autorización de empleo, debe estar acompañadas de los siguientes documentos.

d.1) La aplicación I-765

d.2) El correspondiente pago de la tasa o "fillig fee".

d.3) Copia de la forma I-94, correspondiente al record de entrada y salida, en el caso de estar disponible.

d.4) Copia del último documento de autorización de trabajo y en el caso de ser el primero documento de trabajo solicitado, se debe consignar algún documento de identidad emitido por algún ente gubernamental y que demuestre nombres, apellidos, fecha de nacimiento; alguno de estos documentos pueden ser el pasaporte, partida de nacimiento con foto, alguna visa emitida por algún consulado extranjero o su documento de identidad de su país que incluya foto y huella dactilar.

d.5) Dos (2) fotografías idénticas a color del solicitante, que debe ser tomada dentro de los 30 días de completar la aplicación. Esta fotografía deben ser "estilo pasaporte", es decir en tamaño 2 x 2. La fotografía debe ser con fondo blanco, de vista frontal y que se muestre la cara completamente; la cabeza podría estar cubierta como requerimiento de alguna orden religiosa del cual el solicitante es miembro.

Adicionalmente a los documentos anteriormente señalados, existen otros requisitos que van a depender de la ca-

41

tegoría mediante la cual se esta solicitando la autorización de empleo.

d.6) Requisitos para permiso de trabajo con asilo aprobado.

d.6.a) Copia de la carta de USCIS o la decisión del juez de inmigración, mediante el cual se le otorga el asilo.

d.7) Requisitos para permiso de trabajo con solicitud de asilo pendiente.

d.7.a) Copia del documento de acuse de recibo emitido por el Servicio de Inmigración y Ciudadanía de los Estados Unidos de América (UCSIS por sus siglas en inglés) que le fue enviado por correo postal.

d.7.b) Copia de cualquier otro documento que pueda comprobar que la forma I-589 fue completada y enviada al Servicio de Inmigración y Ciudadanía de los Estados Unidos de América (UCSIS por sus siglas en inglés).

d.7.c) Evidencia que su forma I-589 fue enviada al Juez de Inmigración de la Oficina Ejecutiva de Revisión de Inmigración.

d.7.d) Evidencia que la aplicación de asilo se mantiene bajo revisión administrativa o judicial.

e.- Costo del documento de autorización de empleo

La aplicación inicial para la autorización de empleo, no tiene ningún costo, siempre y cuando se esta aplicando bajo una de las siguientes categorías:

e.1) Refugiado
e.2) Autorizado como Refugiado

e.3) Asilado

e.4) No inmigrantes bajo las categorías N-8 o N-9.

e.5) Ciudadanos de Micronesia, Islas Marshall y Palau.

e.6) Beneficiarios del retiro de deportación

e.7) Victimas de severas forma de trafico.

e.8) No inmigrantes bajo las categorías U-1.

e.9) Dependientes de personal de ciertos gobiernos extranjeros, organizaciones internacionales o la OTAN (Nato en sus siglas en inglés)

e.10) Solicitantes de Asilo, excepto solicitantes bajo la categoría especial ABC.

e.11) Solicitantes por cuenta propia de VAWA.

f.- Lugar al cual debe ser enviada la forma I-765

El lugar de envió de la aplicación, así como la unidad o servicio que analizará dicha solicitud, dependerá de la categoría por la cual se esta aplicando y el lugar en el cual se reside. En el siguiente cuadro, mostraremos de manera informativa los centro de servicios y su ubicación donde debe enviar la información, de conformidad con la categoría por la cual se esta aplicando a la autorización de empleo y el lugar donde se reside. Recuerde que esta información es solamente de carácter referencial y es tomada de la página oficial del UCSIS, la misma podría cambiar o variar en cualquier momento, por eso consulte la página oficial del UCSIS o un abogado experto en inmigración antes de proceder al envío de su solicitud.

Categoría	Debe enviar la solicitud a:
Refugiados, Permisados como refugiados y Asilos Aprobados, viviendo en:	
Alaska, Arizona, California, Colorado, Hawaii, Idaho, Illinois, Indiana, Iowa, Kansas, Michigan, Minnesota, Missouri, Montana, Nebraska, Nevada, North Dakota, Ohio, Oregón, South Dakota, Utah, Washington, Wisconsin, Wyoming, Guam, or the Northern Mariana Islands	**UCSIS Phoenix Lockbox** For U.S. Postal Service (USPS): USCIS P.O. Box 21281 Phoenix, AZ 85036 For FedEx, UPS, and DHL deliveries: USCIS Attn: AOS 1820 E. Skyharbor Circle S Suite 100 Phoenix, AZ 85034

Refugiados, Permisados como refugiados y Asilos Aprobados, viviendo en:	
Alabama, Arkansas, Connecticut, Delaware, District of Columbia, Florida, Georgia, Kentucky, Louisiana, Maine, Maryland, Massachusetts, Mississippi, New Hampshire, New Jersey, New Mexico, New York, North Carolina, Pennsylvania, Puerto Rico, Rhode Island, South Carolina, Oklahoma, Tennessee, Texas, Vermont, Virginia, U.S. Virgin Islands, or West Virginia	**USCIS Dallas Lockbox** For U.S. Postal Service (USPS): USCIS P.O. Box 660867 Dallas, TX 75266 For FedEx, UPS, and DHL deliveries: USCIS Attn: AOS 2501 S. State Hwy. 121 Business Suite 400 Lewisville, TX 75067

45

	USCIS Dallas Lockbox
Solicitantes de Asilo	For U.S. Postal Service (USPS): USCIS Attn: I-765 P.O. Box 650888 Dallas, TX 75265-0888 For FedEx, UPS, and DHL deliveries: USCIS Attn: I-765 2501 S. State Hwy. 121 Business Suite 400 Lewisville, TX 75067
Solicitantes de Asilo que estén bajo instrucciones especiales ABC o estén solicitando asilo y permiso de trabajo juntos	Deben enviar la solicitud al centro de servicio donde estén presentando la solicitud de asilo.

g.- Tiempo de tramitación de la autorización de empleo

Cuando se tramita por primera vez el documento de autorización de empleo (EAD en sus siglas en inglés), en base a una solicitud de asilo pendiente, el tiempo de tramitación y aprobación, en el caso que se cumplan todos los requisitos, es de 30 días.

Si se esta aplicando en base a cualquier otra categoría distinta a la del asilo pendiente, el tiempo de tramitación es de 90 días, contados a partir del recibo de la solicitud.

Es importante tomar en cuenta que estos lapsos o períodos de tiempo serán contados a partir del recibo de la solicitud, siempre y cuando el Servicio de Inmigración y Ciudadanía (UCSIS en sus siglas en inglés) no solicite información o evidencia adicional sobre la petición realizada; siendo que en dicho caso, el lapso de 30 o 90 días según corresponda, empezará a correr a partir del momento en que la información solicitada sea enviada y recibida por el UCSIS.

Los lapsos aquí señalados pueden variar dependiendo de la oficina y/o centro de servicio al cual se aplique conforme al lugar de residencia y a la categoría correspondiente.

El tiempo de procesamiento promedio histórico de todas las oficinas de UCSIS, para el mes de septiembre de 2017, conforme a lo expuesto en su página oficial, para las aplicaciones del documento de autorización de empleo son los siguientes:

Basada en solicitud inicial de asilo pendiente	21 días
Basada en una solicitud de asilo aprobada	90 días
Renovación del EAD	90 días

Es importante recalcar que estos tiempos corresponden a un promedio histórico de todas las oficinas del UCSIS y puede variar dependiendo del caso específico y de la oficina de servicio que atiende el caso.

h.- *Tiempo de duración del documento de autorización de empleo*

En principio los documentos de autorización de empleo y sus renovaciones eran emitidos por el Servicio de Inmigración y Nacionalidad de los Estados Unidos con una duración de un año, sin embargo, a partir del 5 de octubre de 2016, UCSIS decidió incrementar la validez del documento de autorización de empleo para aquellos solicitantes de asilo que tuviera sus aplicaciones pendientes, de uno a dos (2) años. Estos cambios aplicaban a todos los solicitantes de asilo bajo la categoría (c)(8) que tuvieran su aplicación de empleo pendiente al 5 de octubre de 2016 y a todas las aplicaciones enviadas posterior a esta fecha.

i.- Renovación del documento de autorización de empleo

Para la renovación del documento de autorización de empleo (EAD en sus siglas en inglés) se deberá igualmente completar y enviar la forma I-765 " y deberá ser acompañada del pago de la respectiva tasa o "fillig fee", el cual es de $410. La solicitud de renovación se puede iniciar hasta 180 días antes del vencimiento del documento de autorización de empleo anterior o inicial.

A partir del 17 de enero de 2017, UCSIS acordó una prórroga automática de ciertos documentos de autorización de empleo que cumplieran los siguientes requisitos:

i.1) Que hayan enviado adecuadamente una solicitud de renovación de su EAD antes del vencimiento de la actual autorización.

i.2) Que sea elegible para una renovación.

i.3) Que la categoría de su actual autorización de empleo concuerde con las anteriormente señaladas.

Mientras la aplicación de asilo se encuentre pendiente y no se haya producido una negativa de parte del Servicio de Inmigración y Ciudadanía de los Estados Unidos, el solicitante y sus dependientes podrán renovar continuamente su documento de autorización de empleo.

Un dato importante es que si su aplicación se encuentra pendiente por mas de 75 días, Usted puede contactar al Centro Nacional de Servicios al Cliente (NCSC) para crear una solicitud de servicio y averiguar sobre el estatus de su solicitud, para ello debe tener el recibo de acuse enviado por el UCSIS.

j.- Reemplazo del Documento de Autorización de Empleo (EAD)

En caso de perdida, deterioro o robo de su Documento de Autorización de Empleo, Usted podrá solicitar el reemplazo del mismo. Esto se realizará por medio del envío de una nueva forma I-765 y el pago de la correspondiente tasa, excepto que se le apruebe una excepción de tarifa.

k.- Errores en los datos del Documento de Autorización de empleo

Si su documento de autorización de empleo posee algún error y dicho error no puede ser atribuido al UCSIS o fue error involuntario del solicitante al momento de llenar la forma I-765; se deberá presentar una nueva forma I-765 y pagar la tasa o "filling fee" correspondiente y se debe anexar la tarjeta que contiene el error, así como todos los documentos solicitados para la tramitación del documento.

Si en cambio, el error en la información del documento de autorización de empleo es atribuido al USCIS, no se debe presentar una nueva forma I-765 ni pagar ninguna tasa o "filling fee"; sino que se debe enviar una carta explicativa del error conjuntamente con la tarjeta que posee el error y los documentos que sirvan de evidencia sobre la información correcta, dirigida al Centro de Servicio al cual le aprobó el documento de autorización de empleo anterior.

CAPÍTULO V
NÚMERO DE SEGURO SOCIAL

El número de seguro social (SSN en sus siglas en inglés) es uno de los documentos de identificación mas importantes dentro de los Estados Unidos de América, ya que es la conexión entre las actividades realizadas por el titular del número y el gobierno de los Estados Unidos, así como con todas las agencias e instituciones que hacen vida en el país.

El número de seguro social es indispensable para conseguir un empleo en los Estados Unidos, para reportar los salarios obtenidos al Gobierno y para recibir beneficios del seguro social y otros beneficios gubernamentales. Pero también se utiliza para realizar las declaraciones y pagos ante el servicio de rentas de los Estados Unidos (IRS en sus siglas en inglés).

Muchas organizaciones utilizan el número de seguro social para realizar el historial crediticio de sus clientes; sin embargo, este no es el propósito ni la razón principal para el cual es emitido dicho documento.

a.- Quiénes pueden acceder a un número de seguro social

Todo ciudadano americano tiene el deber y la obligación de obtener un número de seguro social y el mismo se puede obtener desde el nacimiento. Las personas que no son ciudadanos americanos probablemente no necesitarán un número de seguro social a menos que quieran trabajar o tengan algún ingreso que declarar al servicio de rentas del Gobierno.

En el caso que un extranjero desee trabajar y tengan una autorización para ello de parte emitido por el Departamento de Seguridad Nacional (DHS en sus siglas en inglés) deberá obtener un número de seguro social.

b.- Cómo puedo obtener mi número de seguro social

Existen dos vías para que un extranjero pueda obtener un número de seguro social:

b.1) Estando dentro de los Estados Unidos

Si la persona reside en los Estados Unidos y aplica por un autorización de empleo ante el UCSIS, podrá solicitar en el mismo formulario I-765 denominado "Application for Employment Authorization" su número de seguro social. Esto lo hará marcando la casilla correspondiente y en la cual autoriza revelar y compartir la información suministrada con la Administración del Seguro Social (SSA en sus siglas en inglés) a los fines que esta emita un tarjeta del seguro social.

En el caso que el formulario I-765 sea aprobado, el solicitante recibirá mediante correo, dos sobres distintos, uno con el documento de autorización de empleo (EAD en sus siglas en inglés) y el otro con la tarjeta del seguro social. Normalmente, la tarjeta del seguro social llega en un período no mayor a 7 días hábiles desde que recibió el documento de autorización de empleo por parte de UCSIS.

Si en el lapso de 7 días hábiles contados a partir que recibió su documento de autorización de empleo, Usted no recibe su tarjeta de seguro social, podrá ir a las oficinas del seguro social en su área para que lo informen sobre el estatus del mismo y lo orienten en los pasos a seguir.

Ahora bien, si el solicitante decide no marcar la casilla correspondiente a la tarjeta del seguro social en su formulario I-765, el solicitante deberá, una vez recibido su documento de autorización de empleo, acudir a una oficina del seguro social y llenar la forma denominada SS-5 con todos los requisitos exigidos y la tarjeta será emitida en un lapso de alrededor de 2 semanas y enviada por correo.

b.2) Estando Fuera de los Estados Unidos de América

Si Usted se encuentra fuera de los Estados Unidos de América, puede solicitar su tarjeta de seguro social como parte de su proceso inmigratorio o puede decidir no solicitarlo durante el proceso; siendo que una vez aprobado el mismo y una vez en los Estados Unidos, puede dirigirse a una oficina del seguro social y tramitar su tarjeta. Normalmente, se recomienda que se asista a la oficina de seguro social dentro de los 10 días siguientes a la entrada al país, de manera que ya se encuentre actualizado su nuevo estatus en el sistema.

Para aplicar a la tarjeta de seguro social debe llenar la forma denominada SS-5 y consignar los siguientes requisitos:

b.2.a) Prueba de tu estatus migratorio, ya sea tu residencia permanente, visa, documento de autorización de empleo, I-20 o la I-94.

b.2.b) Prueba Elegibilidad para trabajar, emitida por la autoridad competente.

b.2.c) Prueba de identidad, en la cual aparezca la información biográfica y fotografía, normalmente se utiliza el pasaporte.

Una vez obtenido el documento de autorización de empleo (EAD en sus siglas en inglés) y el número de seguro social, la persona podrá trabajar legalmente dentro de los Estados Unidos de América.

La importancia de poseer un número de seguro social está en que los empleadores tienen la responsabilidad de contratar personas que estén habilitadas para trabajar en los Estados Unidos y podrán verificar mediante los diversos sistemas establecidos, que los nombres y números de seguro social de sus trabajadores correspondan con los records llevados por la Administración del Seguro Social. Igualmente, es necesario que los empleadores verifiquen los nombres y números de seguro social de los trabajadores de manera de asegurarse de realizar satisfactoriamente el reporte de los salarios devengados por el trabajador en el año y así como los aportes para los diferentes beneficios laborales.

CAPÍTULO VI
PERMISO DE VIAJE FUERA DE LOS ESTADOS UNIDOS

Existen reglas especiales y específicas que deben seguir los Asilados, Refugiados, Solicitantes de Asilo y los residentes permanentes que obtuvieron dicho estatus a través de asilo, al momento de viajar fuera de los Estados Unidos de América; por cuanto de no seguir dichas reglas podrían sufrir consecuencias directas sobre su estatus migratorio.

Estas reglas específicas podrían variar dependiendo del estatus de la persona que este viajando fuera de los Estados Unidos, pero en general esta referida a la necesidad de obtener un permiso o autorización de viaje antes de abandonar los Estados Unidos.

El Servicio de Inmigración y Ciudadanía de los Estados Unidos, emite cuatro (4) tipos de documentos de viaje, dependiendo del estatus migratorio o condición del solicitante, dentro de los cuales encontramos el Permiso Adelantado de Reingreso (Advance Parole en inglés), el Documento de Viaje para Refugiados (Refugee Travel Document en inglés), el Permiso de Reingreso (Reentry Permit en inglés) y el Documento de Viaje para ser utilizado ante los medios de transportes (Carrier Document en inglés). Sin embargo, en este capitulo solo revisaremos a profundidad el denominado Permiso Adelantado de Reingreso y al Documento de Viaje para Refugiados, por cuanto son los que tienen incidencia en la materia de asilo.

a.- *Documento de Viaje para Refugiados (Refugee Travel Document)*

El Documento de Viaje para Refugiados (Refugee Travel Document en siglas en inglés) es un documento emitido a una persona que posee válidamente el estatus de refugiado y/o asilado o de residente permanente obtenida a través de dichos estatus, que les permite retornar a los Estados Unidos después de un viaje al exterior. Este documento es válido por un año y debe en principio ser obtenido antes de viajar al exterior; sin embargo, existen ciertas circunstancias que permiten que el mismo sea emitido en el extranjero, a través de los Consulados de los Estados Unidos.

Poseer este documento, no garantiza la entrada a los Estados Unidos, ya que al momento del reingreso a los Estados Unidos, el portador debe igualmente presentarse ante el oficial del puerto de ingreso y es éste quien determinara su admisibilidad al momento de presentar su documento de viaje.

b.- *Permiso Adelantado de Reingreso (Advance Parole)*

El Permiso Adelantado de Reingreso (Advance Parole en sus siglas en inglés) es un documento que permite al extranjero que se encuentra físicamente en los Estados Unidos viajar y retornar a los Estados Unidos. Este documento no garantiza el reingreso a los Estados Unidos por cuanto la decisión final del reingreso o no de la persona dependerá del oficial de Aduanas y Protección de Fronteras que lo entrevistará en le puerto de entrada a los Estados Unidos.

Este permiso es comúnmente usado para aquellas personas que posee una aplicación pendiente de ajuste de estatus o para quienes poseen una solicitud pendiente de asilo o de retiro de la remoción de los Estados Unidos.

c.- *Proceso para solicitar los documentos de viaje*

Si bien no existe un lapso para solicitar el documento de viaje, se entiende que el mismo debe ser realizado antes de viajar fuera de los Estados Unidos. En el caso de los solicitantes de asilo que no realicen esta solicitud antes de dejar el país, se considerará que abandonaron su proceso de asilo. En el caso, de las personas que posean el estatus de asilo, deberían viajar al extranjero con la autorización previo del Departamento de Seguridad Interna (DHS en sus siglas en inglés), por lo que deberían solicitar su documento de viaje antes de abandonar el país; sin embargo, existen ciertas circunstancias que permiten que el documento sea emitido en el extranjero.

d.- *Formulario para solicitar el documento de viaje.*

El formulario para solicitar un documento de viaje es el I-131 denominado "Application for Travel Document", la última edición es la correspondiente al 23 de diciembre de 2016. El Servicio de Inmigración y Ciudadanía de los Estados Unidos (UCSIS en sus siglas en inglés) no admite la presentación de ediciones previas a esta.

e.- *Como debe ser llenada el formulario I-131*

La forma debe ser llenada en su totalidad en tinta negra, sin dejar preguntas sin responder, en el caso que alguna pregunta no aplique se debe colocar "N/A" (Not applicable en inglés) o la palabra "NONE" correspondiente a "ninguno" en su traducción al español.

Debe estar firmada correctamente en original, no se aceptan copias firmadas de la aplicación o con el nombre escrito a mano en lugar de una firma. En el caso de aplicar, toda planilla debe ir acompañada del apropiado pago de la tasa.

Toda evidencia inicial debe ser consignada con los documentos que la soporten al momento de enviar la aplicación.

Todo documento debe ser consignado en copia legible, al menos que se le solicite consignar algún documento en original con la petición; se debe tomar en cuenta que todo documento original consignado puede quedar como parte de los archivos y no será automáticamente devuelto.

Todo documento que contenga un idioma extranjero distinto al inglés, debe ser consignado al Servicio de Inmigración y Ciudadanía de los Estados Unidos de América acompañado de una completa traducción al idioma inglés, realizada por un traductor debidamente certificado y competente para traducir los documentos del lenguaje extranjero al inglés.

f.- Documentos a consignar para solicitar el documento de viaje

Todas las aplicaciones para solicitar el documento de viaje deben incluir una copia de algún documento oficial con fotografía que incluya el nombre completo del solicitante y su fecha de nacimiento. Algunos ejemplos de estos documentos pueden ser: el documento actual de autorización de empleo, alguna licencia de conducir valida, el pasaporte, la forma I-551, su tarjeta de residencia permanente o cualquier otro documento oficial. Esta copia debe ser clara y legible.

Adicionalmente, dependiendo del tipo de documento de viaje que se este solicitando, pueden existir requisitos adicionales.

f.1) Documento para refugiados

f.1.a) Debe anexar copia del documento emitido por el Servicio de Inmigración y Ciudadanía de los Estados Unidos, en el cual se demuestre el estatus de asilado o refugiado y la fecha de vencimiento de dicho documento.

f.1.b) Dos (2) fotografías idénticas a color del solicitante, que debe ser tomada dentro de los 30 días de completar la aplicación. Esta fotografía deben ser "estilo pasaporte", es decir en tamaño 2 x 2. La fotografía debe ser con fondo blanco, de vista frontal y que se muestre la cara completamente; la cabeza podría estar cubierta como requerimiento de alguna orden religiosa del cual el solicitante es miembro.

f.2) Permiso Adelantado de Reingreso estando en los Estados Unidos

f.2.a) Debe anexar copia del documento emitido por el Servicio de Inmigración y Ciudadanía de los Estados Unidos, en el cual se demuestre el estatus del solicitante.

f.2.b) Una explicación o cualquier otra evidencia que demuestre las circunstancias por las cuales debe ser emitido el permiso.

f.2.c) En el caso de ser solicitante de ajuste de estatus, debe consignar la copia del acuse de recibo que demuestre que efectivamente aplico por el cambio de estatus.

f.2.d) Si esta viajando a Canadá para aplicar por una visa de inmigrante, debe consignar copia de la carta de la cita emitida por el Consulado de los Estados Unidos.

f.2.e) Si se encuentra baja acción diferida, debe incluir copia de la forma I-797.

f.2.f) Dos (2) fotografías idénticas a color del solicitante, que debe ser tomada dentro de los

30 días de completar la aplicación. Esta fotografía deben ser "estilo pasaporte", es decir en tamaño 2 x 2. La fotografía debe ser con fondo blanco, de vista frontal y que se muestre la cara completamente; la cabeza podría estar cubierta como requerimiento de alguna orden religiosa del cual el solicitante es miembro.

g.- Costo de la aplicación del Documento de Viaje

El costo de la solicitud del documento de viaje, dependerá del tipo de documento de viaje que se este solicitando y bajo que estatus o condición se encuentra el solicitante.

g.1) Permiso de Reentrada: La tasa tendrá un costo de 575$.

g.2) Documento de Viaje para Refugiados: SI el solicitante tiene 16 años o mas tendrá un costo de 135$. Si el solicitante es menor a 16 años, tendrá un costo de 105$.

g.3) Permiso Adelantado de Reingreso: Si el solicitante se encuentra en los Estados unidos, el costo es de 575$.

Todo solicitante debe verificar las tarifas para su caso específico, ya que las mismas podrían variar. Esta verificación la pueden hacer a través de la página web oficial del Servicio de Inmigración y Ciudadanía de los Estados Unidos (UCSIS en sus siglas en inglés) o llamando directamente al Centro Nacional de Servicio del UCSIS.

Si Usted lo considera necesario y es elegible para una excepción en el pago de los costos de la solicitud de documento de viaje, Usted deberá completar la forma I-912, en la cual deberá solicitar la excepción del pago y enviar cualquier evidencia que demuestre la imposibilidad de pagar la tasa para solicitar el documento de viaje.

h.- Requerimiento de toma de huellas y datos biométricos

Todos los solicitantes de un documento de viaje para refugiados debe completar el requerimiento de toma de huellas y datos biométricos en un centro de soporte del UCSIS (ASC por sus siglas en inglés). Si el solicitante tiene entre 14 a 79 años, debe pagar adicionalmente a la tasa por la forma I-131, 85$ por servicio de toma de huellas y datos biométricos.

Si en cambio, se esta solicitando un Documento Adelantado de Reingreso (Advance Parole en inglés) y se encuentra en los Estados Unidos, no será requerido un pago adicional por la toma de las huellas y servicios biométricos.

I) Lugar al cual debe ser enviado la solicitud del documento de viaje.

El lugar de envió de la aplicación, así como la unidad o servicio que analizará dicha solicitud, dependerá del lugar en el cual se reside. En el siguiente cuadro, mostraremos de manera informativa los centro de servicios y su ubicación donde debe enviar la información, de conformidad con el lugar donde se reside. Recuerde que esta información es solamente de carácter referencial y es tomada de la página oficial del UCSIS, la misma podría cambiar o variar en cualquier momento, por eso consulte la página oficial del UCSIS o un abogado experto en inmigración antes de proceder al envío de su solicitud.

Si Usted vive en:	Debe enviar la solicitud a:
Alaska, Arizona, California, Colorado, Hawaii, Idaho, Illinois, Indiana, Iowa, Kansas, Michigan, Minnesota, Missouri, Montana, Nebraska, Nevada, North Dakota, Ohio, Oregón, South Dakota, Utah, Washington, Wisconsin, Wyoming, Guam, or the Northern Mariana Islands	**UCSIS Phoenix Lockbox** For U.S. Postal Service (USPS): USCIS P.O. Box 21281 Phoenix, AZ 85036 For FedEx, UPS, and DHL deliveries: USCIS Attn: AOS 1820 E. Skyharbor Circle S Suite 100 Phoenix, AZ 85034

Alabama, Arkansas, Connecticut, Delaware, District of Columbia, Florida, Georgia, Kentucky, Louisiana, Maine, Maryland, Massachusetts, Mississippi, New Hampshire, New Jersey, New Mexico, New York, North Carolina, Pennsylvania, Puerto Rico, Rhode Island, South Carolina, Oklahoma, Tennessee, Texas, Vermont, Virginia, U.S. Virgin Islands, or West Virginia	**USCIS Dallas Lockbox** For U.S. Postal Service (USPS): USCIS P.O. Box 660867 Dallas, TX 75266 For FedEx, UPS, and DHL deliveries: USCIS Attn: AOS 2501 S. State Hwy. 121 Business Suite 400 Lewisville, TX 75067

j.- Tiempo de tramitación del documento de viaje.

El tiempo de tramitación del documento de viaje, dependerá del tipo de documento de viaje que se este solicitando, ya sea el permiso de reentrada al país, el documento de viaje para refugiado o el permiso adelantando de reingreso y de la oficina y/o centro de servicio al cual se aplique conforme al lugar de residencia y a la categoría correspondiente.

El siguiente tiempo de procesamiento corresponde al promedio histórico de todas las oficinas de UCSIS, actualizado al mes de septiembre de 2017 y fue obtenida de la página oficial del UCSIS.

Documento de Viaje para Refugiado (Refugee Document)	98 días
Permiso Anticipado de Reingreso (Advance Parole)	107 días
Permiso de Reingreso (Reentry Permit)	98 días

Es importante recalcar que estos tiempos corresponden a un promedio histórico de todas las oficinas del UCSIS y puede variar dependiendo del caso específico y de la oficina de servicio que atiende el caso.

k.- Proceso Expedito para procesar un aplicación de documento de viaje

Usted podrá solicitar al Servicio de Inmigración y Ciudadanía de los Estados Unidos de América (UCSIS en sus siglas en inglés) que realice una tramitación expedita de su solicitud de aplicación para alguno de los documentos de viaje en ciertas y excepcionales situaciones. Algunas de ellas son:

> k.1) Perdida Financiera Severa para una compañía o persona.
> k.2) Situaciones de Emergencia.
> k.3) Razones Humanitarias.
> k.4) Organizaciones sin fines de lucro cuyas solicitudes estén en beneficio de los intereses culturales y sociales de los Estados Unidos.

k.5) Situación de Interés Nacional o del Departamento de Defensa (En estos casos, la solicitud debe venir de una entidad o institución del Gobierno de los Estados Unidos que declare que el retraso podría causar daños al Gobierno)

k.6) Errores del UCSIS.

K.7) interés apremiante del UCSIS.

Para tramitar esta tramitación expedita, Usted deberá consignar por escrito toda la documentación que demuestre la circunstancia excepcional y urgente y deberá consignarla antes de dejar los Estados Unidos, ya que de no hacerlo, aún cuando se tratare de una situación de emergencia, Usted podrá perder el permiso para reingresar a los Estados Unidos.

Los viajes de trabajo, bodas, fiestas de días festivos o algún otro evento planeado no puede ser considerado como una situación de emergencia.

l.- Consecuencias de viajar al extranjero sin obtener el documento de viaje.

Viajar fuera de los Estados Unidos sin obtener previamente el documento de viaje, mientras se encuentra en condición de refugiado, asilado y/o en condición de solicitante de asilo, puede traer consecuencias directas sobre su proceso y sobre su estatus migratorio dentro de los Estados Unidos.

En ese sentido, si Usted se encuentra en condición de solicitante de asilo y decide salir del país sin obtener el permiso adelantado de reingreso (advance parole en inglés), el Servicio de Inmigración y ciudadanía de los Estados Unidos (UCSIS en sus siglas en inglés) considerará que Usted abandono su solicitud y por tanto perderá su condición o estatus de solicitante de asilo, así como los beneficios o prerrogativas obtenidas por encontrarse en dicha situación. De igual forma, no se le podrá garantizar la entrada a los Estados Unidos al presentarse nuevamente ante el oficial del puerto de entrada, aún cuando aduzca ser beneficiario de una solicitud de asilo; ello independientemente de la discrecionalidad que posee el oficial del Departamento de Aduanas y Protección de Fronteras en el puerto de entrada, de aún con el permiso de viaje, de restringirle el acceso a los Estados Unidos.

m.- Consecuencias de viajar al país de origen o del cual alegó ser perseguido o sufrir temor de persecución

Aunque a primera instancia la respuesta lógica sería que no, por cuanto en dicho país ha sufrido o posee temor de persecución por parte del Gobierno y por tanto su vida corre peligro; la verdad es que podría viajar a dicho país; sin embargo, Usted podría perder el estatus de asilado o refugiado otorgado por los Estados Unidos de América, si el oficial determina que Usted se acogió voluntariamente a la protección otorgada por su país de origen o de residencia habitual o por cuanto Usted haya adquirido una nueva nacionalidad de un tercer país o que ya no reúna las condiciones para ser asilado debido a cambios fundamentales en las circunstancias que dieron origen a la solicitud de asilo.

De igual forma su estatus de asilado o refugiado puede ser revocado, si se determina que Usted mintió o realizó fraude en la solicitud para obtener la condición de asilo o se determina que en realidad Usted no era un refugiado cuando fue admitido en los Estados Unidos.

Usted podría incluso perder su residencia permanente obtenida por medio del beneficio del asilo, si Usted viaja a su país de origen o del cual alegó sufrir persecución y el

Gobierno de los Estados Unidos determina que Usted no reúne las condiciones para ser asilado o verifica que Usted realizó fraude para obtener dicho estatus.

En el caso de viajar al país de origen o del cual alega sufrir persecución, Usted debe estar preparado para dar las explicaciones necesarias al oficial del Departamento de Aduanas y Protección de Fronteras en el puerto de entrada, del motivo y razones del viaje a dicho país, quien tendrá la discreción para dejarlo entrar nuevamente al país.

Viajar al país de origen o al país en el cual se sufre persecución o se teme sufrirla, puede traer consecuencias irreparables para la persona beneficiaria de refugio o asilo, por cuanto podría perder incluso su estatus migratorio y demás beneficios obtenidos dentro de los Estados Unidos, en el caso que se demuestre alguno de los supuestos anteriormente señalados. Dar una explicación ante el oficial del Departamento de Aduanas y Protección de Fronteras en el puerto de entrada, sobre la razón por la cual se viajó al país de origen no es tarea fácil e incluso se podría decirse que es un camino intrincado y difícil, por cuanto se debe demostrar las razones del viaje y adicionalmente se debe demostrar como esta razón no se encuadra dentro de los supuestos de perdida del beneficio del asilo; siendo que el oficial le hará todas las preguntas y averiguaciones que considere necesario, teniendo toda la autonomía para tomar una decisión sobre su ingreso o no al país e incluso para revocarle es estatus migratorio que posee actualmente.

En el presente manual no pretendemos aconsejar sobre si Usted puede viajar o no a su país de origen o al país del cual solicitó protección por sufrir persecución o del cual sufre temor de persecución, sino que buscamos presentarle al usuario o lector de este manual la información suministrada sobre el tema, por el Servicio de Inmigración y

Ciudadanía de los Estados Unidos (UCSIS en sus siglas en inglés) en sus diversos medios oficiales, así como las posibles consecuencias que puede sufrir el solicitante al decidir regresar a su país de origen o del cual sufrió persecución o teme sufrirla; sin que en ningún momento se pretenda recomendar una u otra situación.

CAPÍTULO VII
LA ENTREVISTA DEL ASILO

Como señalamos al inicio del presente manual, aunque existen diversos procesos y formas en las cuales se puede solicitar el asilo, nosotros estaremos analizando y desarrollando el proceso de asilo denominado asilo afirmativo, es decir, el referido a la solicitud de asilo realizada por el solicitante estando en los Estados Unidos de América y dentro del año siguiente a la entrada al país.

En este sentido, una vez que el solicitante presentó su aplicación de asilo, a través de la forma I-589 y realizó la toma de las huellas dactilares y demás datos biométricos y pasó la verificación de los antecedentes, se recibirá una notificación por parte del Servicio de Inmigración y Ciudadanía de los Estados Unidos (UCSIS en sus siglas en inglés) fijándole una entrevista con el oficial de asilo en una de las oficinas del UCSIS mas cercana a la localidad donde reside.

a.- Tiempo aproximado para fijar la entrevista con el oficial de asilo

Normalmente, el solicitante recibía una notificación dentro de los 21 días siguientes a la toma de las huellas, fijándole la fecha de la entrevista de su asilo, la cual se realizaba en alrededor de 43 días luego de recibido el formulario I-589. Sin embargo, visto el incremento sustancial de las solicitudes de asilo recibidas en los últimos años, ha aumentado considerablemente el tiempo para que se fijen las entrevistas de asilo.

En razón de ello, a partir del 26 de diciembre de 2014, la División de Asilo, estableció un sistema de priorización para fijar las entrevistas de aplicaciones de asilo, estableciendo las tres (3) categorías siguientes:

a.1) Categoría 1: Aplicaciones a las que le fueron fijadas entrevista, pero la entrevista tuvo que ser reprogramada.
a.2) Categoría 2: Aplicaciones realizadas por niños.
a.3) Categoría 3: Todas las demás aplicaciones de asilo afirmativo, empezando por fijar entrevista al caso mas viejo.

De esta manera, cada oficina de asilo debe priorizar y fijar con respecto a estas categorías las entrevistas de asilo. Siendo que, según las estadísticas oficiales presentadas por el Servicio de Inmigración y Ciudadanía de los Estados Unidos de América (UCSIS en sus siglas en inglés), las fechas de entrevistas actualmente, según el lugar de residencia y la fecha en la cual realizaron la solicitud, son las siguientes:

Si vives en	Pautando entrevista en	Para persona que aplicaron en
Arlington, VA	Septiembre 2017 Agosto 2017 Julio 2017	Junio 2014 Junio 2014 Junio 2014
Boston, MA	Septiembre 2017 Agosto 2017 Julio 2017	Octubre-Diciembre 2013 Octubre-Diciembre 2013 Septiembre-Diciembre 2013
Chicago, IL	Septiembre 2017 Agosto 2017 Julio 2017	Marzo-Mayo 2015 Marzo-Mayo 2015 Febrero- Marzo 2015
Houston, TX	Septiembre 2017 Agosto 2017 Julio 2017	Junio-Julio 2014 Junio 2014 Junio 2014

Los Angeles, CA	Septiembre 2017 Agosto 2017 Julio 2017	Octubre-Noviembre 2013 Septiembre-Noviembre 2013 Junio-Septiembre 2013
Miami, FL	Septiembre 2017 Agosto 2017 Julio 2017	Julio 2013 Junio 2013 Mayo-Junio 2013
Newark, NJ	Septiembre 2017 Agosto 2017 Julio 2017	Enero-Mayo 2015 Diciembre 2014-Enero 2015 Noviembre-Diciembre 2015
New Orleans, LA	Septiembre 2017 Agosto 2017 Julio 2017	Enero-Junio 2015 Julio 2013-Diciembre 2014 Noviembre-Diciembre 2014
New York, NY	Septiembre 2017 Agosto 2017 Julio 2017	Septiembre 2015 Abril-Agosto 2015 Abril-Agosto2015
San Francisco, CA	Septiembre 2017 Agosto 2017 Julio 2017	Mayo-Julio 2015 Abril-Junio 2015 Abril-Junio 2015

Estas fechas se presentan de manera informativa, ya que podrían variar según la oficina que se realice la entrevista.

Ahora bien, existe un posibilidad de solicitar un adelanto o programación urgente de entrevista fuera de las categorías de prioridad. En estos casos los directores de las oficinas de asilo poseen la discrecionalidad para considerar y aprobar dichas peticiones.

b.- Quiénes deben asistir a la entrevista de asilo.

A la entrevista de asilo debe asistir el solicitante o peticionario de la solicitud de asilo, su cónyuge y los hijos que hayan sido incluidos como beneficiarios de la solicitud. Si Usted no puede hacer la entrevista en inglés, también podrá llevar un interprete certificado que sea fluente en inglés y en el idioma del solicitante; su abogado, testigos, representantes o empleados del gobierno de su país no podrán servir como interpretes en la entrevista de asilo.

De igual forma, Usted podrá asistir con un representante legal, ya sea un abogado, un representante acreditado por la barra de apelación de inmigración, un estudiante de derecho o un estudiante graduado que no haya sido admitido en la barra (sólo en algunos casos) o con una persona que posea una reputación que cumpla ciertos requisitos por parte de inmigración. Para que su abogado lo acompañe en su entrevista, Usted o su abogado deberán presentar el formulario G-28 denominado notificación de representación como abogado o representante autorizado.

Finalmente, Usted podrá llevar a la entrevista los testigos que considere necesario para testificar a su nombre. No existe limitación o restricción conforme al número de testigos llevados, o su edad, su estatus migratorio o la relación que exista entre este y el solicitante.

c.- Que documentos debo llevar a la entrevista.

El solicitante deberá llevar a la entrevista adicionalmente a sus documentos de identificación y el documento mediante el cual le otorgan la cita, todos los documentos que considere necesario para soportar su caso. Todos los documentos que lleve el solicitante deberán estar en inglés o con su debida traducción y deben ser consignado en duplicado.

No existe limitación en cuanto a la cantidad de documentos que pueden ser llevado por el solicitante a la entrevista, ni el tipo de documento que pueda ser consignado, ya sean fotografías, videos, etc.

d.- Cuánto dura la entrevista.

La entrevista dura alrededor de una hora; sin embargo, todas las entrevistas son distintas, el oficial de la entrevista puede extenderse realizando ciertas preguntas o verificando ciertos datos aportados por el solicitante. De igual manera, el oficial podrá en ciertos casos y por razones específicas dar por terminada la entrevista por anticipado.

e.- Qué esperar en la entrevista.

Al llegar a la oficina donde fue citado para realizarle su entrevista de asilo, después de pasar los controles de seguridad, se encontrará con un primer control, donde un oficial le pedirá su identificación y la carta o documento mediante el cual se le asignó su cita para la entrevista de asilo. Siendo que una vez verificado que coincidan los datos, así como la fecha y hora de la entrevista, se le otorgará normalmente un número y se le hará pasar a una sala de espera, en cual será llamado por un oficial asignado aleatoriamente para que lleve su entrevista.

Una vez en la sala de espera, el oficial asignado aleatoriamente, lo llamará por su nombre o número asignado y le hará pasar, juntos con las personas que lo acompañan a la sala o cuarto de entrevista.

Una vez en el cuarto de entrevista, el oficial le hará tomar juramento a Usted y sus acompañantes, así como a su interprete y/o a su representante legal, en el caso que lo posean. En dicho juramento, el solicitante y sus acompañantes juran decir la verdad y que todos los documentos que presentan son ciertos y se someten a las Leyes de los Estados Unidos.

Una vez prestado el respectivo juramento, el oficial iniciará la entrevista, realizando todas las preguntas que considere necesarias, sobre el contenido del formulario I-589 consignado, así como de los hechos ahí relatados. Durante la entrevista, el oficial podría pedirle pruebas o declaraciones sobre hechos particulares señalados en el formulario, así como mayor explicación de los hechos narrados.

Usted tendrá la oportunidad de consignar todos sus documentos, así como de explicar con detenimiento todos los hechos narrados en su formulario, así como cualquier otro evento que considere pertinente para el caso. Si bien, en muchos casos es difícil hablar o relatar los hechos ocurridos, por lo delicado de los mismos; el solicitante debe tratar de explicar al oficial de inmigración todos los hechos que sucedieron de manera que el oficial puede verificar si la persona cumple con los requisitos y supuestos para ser considerado refugiado y/o beneficiario del asilo y si efectivamente usted ha sufrido persecución o teme sufrir persecución en su país de origen, producto de su raza, religión, nacionalidad, grupo social o por su opinión política.

La información que Usted comparta o manifieste durante su entrevista es totalmente confidencial y no puede ser compartida sin autorización del Departamento de Seguridad Nacional, excepto en ciertos casos.

Puede pasar y es normal que el oficial durante la entrevista, salga de la oficina a consultar con otros oficiales del grupo de trabajo o con el supervisor de la oficina, sobre la admisión, validez o sobre ciertos aspectos o documentos consignados o alegados por Usted en la entrevista.

Al finalizar la entrevista, el oficial hará una revisión con Usted sobre su aplicación I-589, verificará que los datos se encuentren correctamente y le preguntará si hay algún error o modificación en la misma. Siendo que, en el caso que exista algún error o inexactitud en los datos aportados y se deba hacer alguna modificación o corrección, se hará en ese momento.

Posterior a ello, ambas partes revisarán nuevamente las correcciones realizadas y suscribirán el documento y culminará la entrevista.

f.- Qué pasa si pierde la entrevista

Si Usted pierde su entrevista, podrá reprogramarla nuevamente dentro los 45 días siguientes a la entrevista inicial; para reprogramar su cita deberá enviar una carta dirigida a la oficina de asilo donde se realizaría su entrevista con la explicación de la causa por la cual es necesario la reprogramación o asistir personalmente a dicha oficina y completar una solicitud de reprogramación de cita. En ambos casos, recibirá por escrito si su cita fue reprogramada o no y la fecha de la nueva entrevista.

Si por razones de causa mayor no pudo reprogramar su cita dentro de los 45 días de la entrevista inicial, Usted deberá demostrar a la oficina de asilo cual fue la causa mayor que lo impidió de poder reprogramar la cita y deberá consignar todos los documentos que comprueben dicha situación mayor.

Si transcurre el lapso de los 45 días y Usted no reprogramó su entrevista, se considerará que no compareció a la entrevista y su caso será referido a un Juez de Inmigración para adjudicar el proceso de remoción si Usted no posee un estatus migratorio válido dentro de los Estados Unidos. En el caso que posea un estatus migratorio válido, su caso se entenderá negado y cerrado administrativamente y perderá los beneficios de ser solicitante de asilo.

g.- Decisión del caso.

Normalmente, durante el curso de la entrevista, el solicitante no es informado de la decisión del caso. Lo usual es que al culminar la entrevista, el solicitante sea informado de la manera en que va a ser notificado de la decisión, ya sea en persona o a través del correo postal.

Durante ese tiempo el oficial de asilo determinará si usted es elegible para solicitar el asilo y si cumple con la definición de refugiado contenida en la Ley de Inmigración o sino cualifica para recibir el asilo.

Un Oficial Supervisor de asilo revisará la decisión del oficial de asilo para asegurarse que es compatible con lo establecido en la Ley de Inmigración y Ciudadanía de los Estados Unidos. Dependiendo de la complejidad del caso, el oficial supervisor puede referir la decisión de su caso al grupo de trabajo de las oficinas centrales de la división para revisión adicional.

Normalmente, la notificación de la decisión de su caso, será enviada por vía de correo postal en un lapso que podría variar entre 2 a semanas a 60 días. Igualmente, podría recibir una notificación de parte del UCSIS mediante la cual se le solicitará información adicional y se le establecerá una nueva fecha para que acuda nuevamente ante el oficial del asilo.

Puede darse el caso que la oficina de asilo tarde un lapso mayor a los 60 días para dar respuesta a su caso de asilo, sobre todo si Usted, posee un estatus de inmigración válido, fue entrevistado en una oficina local de UCSIS, tiene verificaciones de seguridad en trámite o tiene un caso que esta siendo revisado por el grupo de trabajo de las oficinas centrales de la División de Asilo.

En el caso de ser aprobado, el solicitante y sus beneficiarios recibirán una notificación por escrito por parte del UCSIS mediante la cual se le otorga el estatus de asilado o refugiado.

Si su caso no es aprobado y el solicitante no se encuentra en estatus legal de inmigración, el UCSIS emitirá un formulario I-862 denominado notificación de comparecencia y enviará su caso a un Juez de Inmigración en la Oficina Ejecutiva para la Revisión de Caso de Inmigración (EOIR en sus siglas en inglés) quién emitirá una nueva decisión independiente de la decisión del UCSIS.

CAPÍTULO VIII
REVISIÓN DE LA DECISIÓN
NEGATIVA DE ASILO

Existen diversas causas por la cual Usted se le puede negar o vetar de pedir o recibir asilo en los Estados Unidos . Usted no será elegible para solicitar asilo en los siguientes casos:

1. No cumple con la fecha limite y no Presenta su formulario I-589 dentro de un año posterior a su última entrada a los Estados Unidos.
2. Se le denegó previamente una solicitud de asilo por parte de un Juez de inmigración o por la junta de apelaciones de inmigración.
3. Porque puede ser removido a otro país seguro bajo un acuerdo de dos o varias partes de los Estados Unidos y otros países.

De igual forma Usted podrá ser vetado de obtener asilo si el oficial encuentra que:

4. Ordenó, incitó, asistió o participó de alguna forma en la persecución de cualquier persona por razones de raza, religión, nacionalidad, membresía a un grupo social u opinión política.
5. Fué convicto por un crimen particularmente serio que represente una amenaza a los Estados Unidos.
6. Cometió un crimen no político serio fuera de los Estados Unidos.
7. Es una amenaza a la seguridad de los Estados Unidos.
8. Se reubicó por un período prolongado en otro país antes de llegar a los Estados Unidos.

9. Ha estado involucrado en actividades terrorista.
10. Esta involucrado o potencialmente pudiera estar involucrado en actividades terrorista.
11. Ha incitado a actividades terrorista
12. Es miembro de una organización terrorista
13. Ha persuadido a otros a apoyar actividades terrorista o a una organización terrorista.
14. Ha recibido adiestramiento de tipo militar en o de parte de una organización que, al momento en que usted recibió dicho adiestramiento, era una organización terrorista.
15. Es el cónyuge o hijo de un individuo que durante los últimos 5 años es inadmisible por cualquiera de las razones anteriores.

Adicionalmente a las causas de ilegibilidad y de veto anteriormente señaladas, el oficial o la junta de asilo puede negarle su solicitud de asilo en razón de considerar que Usted no demostró la persecución o el temor de persecución en su país de origen o de residencia habitual, por razones de raza, nacionalidad, religión, pertenencia a un grupo social o por su opinión política.

Si la decisión tomada por la oficina de asilo fuera negativa y considerara que Usted no cumple los requisitos necesarios para considerarlo como asilado conforme a lo dispuesto en la Ley de Inmigración y Nacionalidad de los Estados Unidos, el UCSIS emitirá el formulario I-862 denominado Notificación de Comparecencia, y enviará el caso a un Juez de Inmigración en la Oficina Ejecutiva para la Revisión de Casos de Inmigración (EOIR por sus siglas en inglés). El juez de inmigración realizará una nueva revisión al caso, en la cual el Juez podrá revisar las pruebas y documentos presentados en la oficina de asilo o incluso nuevas pruebas entregadas en la Corte de inmigración y en base a ello emitirá una decisión independiente a la formulada por el US-CIS. En el caso que no se tenga jurisdicción sobre el caso, la Oficina de Asilo emitirá un formulario I-863 denominado Notificación de Referido a un Juez de Inmigración, para una vista sólo de asilo. Si la oficina de asilo lo consideró inelegible por cuanto no reúne los requisitos para ser considerado asilado y envió su caso al Juez de Inmigración, Usted puede permanecer en los Estados Unidos mientras el Juez de Inmigración toma una decisión o su caso continua en trámite.

Si la decisión del Juez de inmigración considera que Usted no es elegible para el asilo, podrá apelar esta decisión ante la Junta de Apelaciones de Inmigración (BIA en sus siglas en inglés).

Si la decisión del Juez de Inmigración se recibe oral, Usted debe declarar si desea apelar esa decisión y el juez le otorgará los formularios adecuados de apelación que deben ser presentados dentro de los 30 días de la decisión del Juez

Si en cambio, la decisión la recibe en escrito, los derechos del solicitante de la apelación serán especificados en el documento mediante la cual recibe la decisión. La presentación oportuna de una apelación, le permite al solicitante permanecer en los Estados Unidos mientras la apelación esta pendiente.

CAPÍTULO IX
RESIDENCIA PERMANENTE O
GREEN CARD

Según la Ley de Inmigración y Nacionalidad de los Estados Unidos, todos aquellos que obtengan la condición de asilado y se mantengan en dicho estatus, pueden obtener la residencia permanente, previo el cumplimiento de ciertos requisitos.

a.- Requisitos de elegibilidad para obtener la residencia permanente

a.1) Haber estado físicamente en los Estados Unidos durante al menos un año después de habérsele otorgado el asilo.

a.2) Continuar cumpliendo con la definición de refugiado, o es el cónyuge o hijo de un refugiado.

a.3) No se ha reasentado firmemente en otro país extranjero.

a.4) Su concesión de asilo no ha sido cancelada.

a.5) Es admisible a los Estados Unidos para obtener la residencia permanente o es elegible a una excepción de inadmisibilidad u otra forma de alivio migratorio.

a.6) Usted merece un ejercicio discrecional favorable de parte de UCSIS.

A.7) Fue inspeccionado y admitido o fue inspeccionado y se le otorgó permiso condicional para ingresar a Estados Unidos.

a.8) Presentó correctamente el formulario I-485 denominado Solicitud de Registro de Residencia Permanente o Ajuste de Estatus.

b.- Causales de inadmisibilidad

Para que el Servicio de Inmigración y Ciudadanía de los Estados Unidos (UCSIS en sus siglas en inglés) le pueda aprobar su solicitud de residencia permanente, Usted debe ser elegible y admisible para los Estados Unidos de América. Para verificar que efectivamente Usted es elegible y admisible, usted no debe tener ninguna de las causales de inadmisibilidad.

No todas las causas de inadmisibilidad existente en los Estados Unidos aplican a aquellos que poseen el estatus de asilado. Sin embargo, existen otras que si le aplican y las cuales pueden ser causales de la negativa de aprobar la residencia permanente. Dentro de estas causales de inadmisibilidad encontramos las siguientes:

b.1) Tráfico de sustancias controladas.
b.2) Espionaje, sabotaje, exportación ilegal de bienes, tecnología o información sensible.
b.3) Actividades terroristas.
b.4) Impacto adverso para la política exterior.
b.5) Participación en persecución nazi o genocidio.
b.6) Problemas de seguridad nacional.
b.7) Problemas relacionados con la salud.

c.- Formulario para presentar la solicitud de residencia permanente.

Si se cumplen todos los requisitos de elegibilidad y no se posee ninguna de las causales de inadmisibilidad o si teniendo alguna de las causales, las mismas pueden ser omitidas por el UCSIS, el beneficiario del estatus del asilo podrá solicitar la residencia permanente a través de la presentación del formulario I-485 denominado Solicitud de Registro de Residencia Permanente o Ajuste de Estatus.

El formulario I-485 vigente corresponde a la edición del 26 de junio de 2017 y la oficina del UCSIS no acepta a partir de dicha fecha ninguna edición previa.

d.- Dónde presentar el formulario I-485

La presentación del formulario I-485 para el ajuste de estatus, basado en el estatus de asilo, realizarse conforme a la localidad donde reside el beneficiario.

Si Usted vive en:	Debe enviar la solicitud a:
Alaska, Arizona, California, Colorado, Hawaii, Idaho, Illinois, Indiana, Iowa, Kansas, Michigan, Minnesota Missouri, Montana, Nebraska, Nevada, North Dakota, Ohio, Oregón, South Dakota, Utah, Washington, Wisconsin, Wyoming, Guam, or the Northern Mariana Islands	**UCSIS Phoenix Lockbox** For U.S. Postal Service (USPS): USCIS P.O. Box 21281 Phoenix, AZ 85036 For FedEx, UPS, and DHL deliveries: USCIS Attn: AOS 1820 E. Skyharbor Circle S Suite 100 Phoenix, AZ 85034

Alabama, Arkansas, Connecticut, Delaware, District of Columbia, Florida, Georgia, Kentucky, Louisiana, Maine, Maryland, Massachusetts, Mississippi, New Hampshire, New Jersey, New Mexico, New York, North Carolina, Pennsylvania, Puerto Rico, Rhode Island, South Carolina, Oklahoma, Tennessee, Texas, Vermont, Virginia, U.S. Virgin Islands, or West Virginia	**USCIS Dallas Lockbox** For U.S. Postal Service (USPS): USCIS P.O. Box 660867 Dallas, TX 75266 For FedEx, UPS, and DHL deliveries: USCIS Attn: AOS 2501 S. State Hwy. 121 Business Suite 400 Lewisville, TX 75067

e.- Costo de la aplicación de ajuste de estatus.

El costo de la solicitud del documento de viaje, dependerá del tipo de documento de viaje que se este solicitando y bajo que estatus o condición se encuentra el solicitante.

e.1) Si es menor de 14 años de edad y va a presentar su solicitud junto con el formulario I-485 de al menos uno de sus padres: La tasa tendrá un costo de 750$.

e.2) Si es menor de 14 años de edad y no va a presentar su solicitud junto con el formulario I-485 de al menos uno de sus padres: La tasa tendrá un costo de 1,140$.

e.3) Si tiene entre 14 y 78 años de edad: La tasa es de 1,140$.

e.4) Si tiene mas de 79 años de edad: La tasa es de 1,140$.

e.5) Va a presentar su Formulario I-485 basado en haber sido admitido a Estados Unidos en calidad de refugiado: La tasa es 0$.

Todo solicitante debe verificar las tarifas para su caso específico, ya que las mismas podrían variar. Esta verificación la pueden hacer a través de la página web oficial del Servicio de Inmigración y Ciudadanía de los Estados Unidos (UCSIS en sus siglas en inglés) o llamando directamente al Centro Nacional de Servicio del UCSIS.

f.- Documentos a consignar con el formulario I-485

Adicional al formulario I-485 y al pago de la tasa correspondiente, todo solicitante de ajuste de estatus en base a su estatus de asilo, debe consignar los siguientes documentos:

f.1) Prueba de su obtención del asilo que indique la fecha en que le fue concedido.

f.2) Evidencia del año de presencia física en los Estados Unidos.

f.3) Dos fotos tamaño pasaporte.

f.4) Copia de una identificación con foto emitida por el gobierno.

f.5) Copia de su certificado de nacimiento.

f.6) Copia de la página del pasaporte con la visa de no inmigrante (en el caso que aplique).

f.7) Formulario I-693 correspondiente al informe medico y registro de vacunas.

f.8) Registro certificados de la policía o de la corte de todos los cargos criminales, aprehensiones o convicciones, sin importar la disposición final.

f.9) Formulario I-602 denominado Solicitud de Refugiado para exención de causales de exclusión (en el caso de ser aplicable).

Sus familiares derivados que hayan obtenido el estatus de asilado podrán solicitar su ajuste de estatus, consignando adicionalmente a los documentos anteriormente señalados, la copia de la documentación que demuestra la relación con el solicitante principal, como por ejemplo el certificado de nacimiento o certificado de matrimonio.

g.- Aprobación del formulario I-485

Si le es aprobado su formulario I-485 usted se le expedirá una tarjeta de residente permanente o "Green Card", la cual lo autoriza a vivir y trabajar legalmente en los Estados Unidos. Igualmente, la tarjeta de residencia permanente lo autoriza a ser readmitido a los Estados Unidos después de un viaje al extranjero, siempre y cuando no este fuera por mas de un año.

Como residente permanente el beneficiario tiene la responsabilidad de cumplir todas las leyes, de presentar declaraciones de impuestos a las autoridades de rentas federales y estatales. Igualmente, esta supuesto de apoyar la forma democrática del gobierno y de inscribirse en el servicio selectivo si es varón que tiene entre 18 y 25 años de edad.

La tarjeta de residencia permanente es expedida por 10 años y podrá ser renovada dentro de los seis meses previos al vencimiento de la misma, siempre y cuando se mantenga el estatus de residente y no se cometa ninguna acción por la cual pueda ser deportado o removido según lo establecido en la Ley de Inmigración.

CAPÍTULO X
LA CIUDADANÍA DE LOS ESTADOS UNIDOS DE AMÉRICA

Ser ciudadano de los Estados Unidos de América no es un derecho obligatorio para aquellos que residen en el país, sino que es un beneficio muy deseado por ellos, que se obtiene por nacer en territorio americano, por ser hijo de ciudadanos americanos o por naturalización.

a.- Cómo se obtiene la ciudadanía americana.

La ciudadanía americana se puede obtener por diversas vías, dentro de ellas encontramos las siguientes:

a.1) Por haber nacido en territorio de los Estados Unidos.

a.2) Por ser hijo de padres americanos.

a.3) Por naturalización

Visto que el presente manual pretende dar a conocer la figura del asilo en sus diversas etapas, siendo la última de ellas, la posibilidad de ser ciudadano americano, pasaremos a revisar en el presente capitulo, solo la vía de la naturalización para obtener la ciudadanía americana.

b.- La ciudadanía americana a través de la naturalización

La naturalización es el proceso mediante el cual se le otorga la ciudadanía estadounidense a un ciudadano extranjero, previo cumplimiento de todos los requisitos de elegibilidad contenidos en la Ley de Inmigración y Ciudadanía de los Estados Unidos.

c.- Requisitos para solicitar la ciudadanía por naturalización.

Para obtener la ciudadanía estadounidense por medio de la naturalización, se deben cumplir con los siguientes requisitos de elegibilidad contenidos en la Ley de Inmigración y Ciudadanía de los Estados Unidos.

c.1) Tener 18 años o más.

c.2) Tiempo de residencia permanente: El ciudadano extranjero solicitante de la ciudadanía debe demostrar haber sido residente permanente durante al menos 5 años o 3 años si es cónyuge de un ciudadano estadounidense o si ha servido honorablemente al ejército de los Estados Unidos.

c.3) Ser una persona con un buen carácter moral.

c.4) Demuestra su adhesión a los principios e ideales de la Constitución de Estados Unidos

c.5) Tener conocimiento básico del gobierno estadounidense y sus funciones, así como de la historia de los Estados Unidos (Educación Cívica)

c.6) Tener un período de residencia continua y de presencia física en los Estados Unidos.

c.7) Ser capaz de leer, escribir y hablar un nivel básico de inglés.

c.8) Realizar el juramento de lealtad a los Estados Unidos.

Excepciones al examen de inglés y cívica:

- Si tiene 50 años de edad y ha sido residente permanente 20, no tendrá que tomar el examen de inglés pero si el de cívica.

- Si tiene 55 años y ha sido residente permanente por al menos 15 años, no tendrá que tomar el examen de inglés pero si el de cívica.

- Si tiene 65 años o mas y ha residido por periodos que sumen por lo menos 20, no tendrá que tomar el examen de inglés, pero deberá tomar una versión simplificada del examen de educación cívica.

- Si posee alguna discapacidad física o mental que ha durado o se espera que dure 12 meses o mas, podrá obtener una excepción de tomar el de inglés y/o cívica.

d.- Beneficios de los ciudadanos Estadounidenses

La ciudadanía Estadounidense trae consigno muchos beneficios y muchas responsabilidades para quien la posee, es importante que todo aquel que pretenda obtener dicha ciudadanía, se informe previamente de estos beneficios y responsabilidades.

Dentro de los beneficios, encontramos los siguientes:

d.1) Derecho al voto, los ciudadanos Estadounidense pueden participar activamente en su democracia a través del voto en las elecciones federales.

d.2) La posibilidad de darle la ciudadanía Estadounidense a los hijos nacidos en el extranjero.

d.3) Acceso a mayores beneficios en los sistemas medico y educativo.

d.4) A la obtención del pasaporte de los Estados Unidos.

d.5) Libertad de expresión y de religión

d.6) Derecho a ser juzgado pública y expeditamente por un jurado imparcial.

d.7) Derecho a solicitar empleo federal.

d.8) Derecho a postularse como candidato al servicio público.

e.- Responsabilidades de los ciudadanos Estadounidenses.

Como señalamos anteriormente, poseer la ciudadanía conlleva ciertas responsabilidades y que una vez que la persona toma juramento, se obliga a cumplirlas. Dentro de estas responsabilidades, encontramos los siguientes:

e.1) Defender y respaldar la Constitución.
e.2) Respaldarán y respetarán las leyes.
e.3) Servir a los Estados Unidos cuando sea necesario.
e.4) Jurar fidelidad s los Estados Unidos.
e.5) Servir como jurado cuando le sea solicitado.
e.6) Si posee entre 18 y 25 años ha de inscribirse en el servicio selectivo.
e.7) Presentar y pagar los impuestos estatales y federales.
e.8) Permanecer informado de las cuestiones que afectan su comunidad.
e.9) Participar en el proceso democrático.

f.- Formulario para solicitar la ciudadanía a través de la naturalización

El formulario para solicitar la ciudadanía a través de la naturalización es el N-400 denominado "Solicitud de Naturalización", la última edición es la correspondiente al 23 de diciembre de 2016. El Servicio de Inmigración y Ciudadanía de los Estados Unidos (UCSIS en sus siglas en inglés) no admite la presentación de ediciones previas a esta.

g.- Como debe ser llenada el formulario N-400

La forma debe ser llenada en su totalidad en tinta negra, sin dejar preguntas sin responder, en el caso que alguna pregunta no aplique se debe colocar "N/A" (Not applicable en inglés) o la palabra "NONE" correspondiente a "ninguno" en su traducción al español.

Debe estar firmada correctamente en original, no se aceptan copias firmadas de la aplicación o con el nombre escrito a mano en lugar de una firma. En el caso de aplicar, toda planilla debe ir acompañada del apropiado pago de la tasa.

El solicitante podrá presentar su solicitud hasta con 90 días antes de que cumpla por primera vez el período de 5 años de residencia permanente o de 3 años si presenta la solicitud como esposa de un ciudadano americano. Los solicitantes deben cumplir de igual forma con todos los demás requisitos para la naturalización al momento de la presentación del Formulario N-400.

El formulario N-400, consta de 18 partes, las cuales son las siguientes:

g.1) Parte 1, Información acerca de su elegibilidad.
g.2) Información sobre Usted y su identificación.
g.3) Acomodo para personas con discapacidad y/o impedimentos.
g.4) Información de contacto del solicitante.
g.5) Información sobre su residencia.
g.6) Información sobre sus padres.
g.7) información biográfica.
g.8) Información sobre sus empleos y escuelas a las que asistió
g.9) Tiempo fuera de los Estados Unidos.
g.10) Información acerca de su historial de estado civil
g.11) Información sobre sus hijos.
g.12) Información adicional sobre Usted
g.13) Declaración, certificación y firma del solicitante.
g.14) Información de contacto, certificación y firma del interprete.

g.15) Información de contacto, declaración y firma de la persona que preparó la solicitud.

g.16) Firma al momento de la entrevista.

g.17) Renuncia a títulos extranjeros.

g.18) Juramento de lealtad.

h.- Documentos a consignar con su formulario N-400

Al momento de consignar su formulario N-400, Usted deberá consignar los siguientes documentos y evidencias.

h.1) 2 Fotografías tamaño pasaporte (Solo si vive en el exterior).

h.2) Copia de la tarjeta de residente permanente.

h.3) copia del documento de su actual estatus civil y copias de las sentencias de divorcio, anulación o certificado de defunción de su cónyuge anterior en caso que aplique.

h.4) Documentos para militares o cónyuges de militares (en el caso que aplique).

Adicionalmente, al momento de la entrevista, Usted deberá traer los siguientes documentos

h.5) Tarjeta de Residente Permanente.

h.6) Identificación emitida por el estado.

h.7) Pasaportes y documentos de viaje.

h.8) Evidencias de su actual estado civil.

h.9) Evidencia de la finalización de los matrimonios anteriores de su cónyuge.

h.10) Cambios de nombre.

h.11) Otros Documentos (En el caso que apliquen).

    h.11.a) Documentos del cónyuge y sus matrimonios anteriores.

h.11.b) Evidencia que demuestre el empleo cualificado de su cónyuge ciudadano americano en el extranjero.

h.11.c) Pruebas de los hijos y patrocinio económico de los dependientes.

h.11.d) Declaraciones de impuestos y deudas de impuestos.

h.11.e) Viajes fuera de los Estados Unidos.

h.11.f) Registro en el Servicio Selectivo.

h.11.g) Arrestos y/o convicciones.

i.- Lugar al cual debe ser enviado el formulario N-400

El lugar de envió de la aplicación, dependerá del lugar en el cual se reside, excepto si el solicitante es miembro o ex miembro de las Fuerzas Armadas o sus familiares.. En el siguiente cuadro, mostraremos de manera informativa los centro de servicios y su ubicación donde debe enviar la información, de conformidad con el lugar donde se reside. Recuerde que esta información es solamente de carácter referencial y es tomada de la página oficial del UCSIS, la misma podría cambiar o variar en cualquier momento, por eso consulte la página oficial del UCSIS o un abogado experto en inmigración antes de proceder al envío de su solicitud.

Si Usted vive en:	Debe enviar la solicitud a:
Alaska, Arizona, California, Colorado, Hawaii, Idaho, Kansas, Montana, Micronesia Nebraska, Nevada, North Dakota, Oregón, Utah, Washington, Wyoming, Guam, or the Northern Mariana Islands	For U.S. Postal Service (USPS): USCIS P.O. Box 21251 Phoenix, AZ 85036 For FedEx, UPS, and DHL deliveries: USCIS Attn: N-400 1820 E. Skyharbor Circle S Suite 100 Phoenix, AZ 85034

Alabama, Arkansas, Connecticut, Delaware, District of Columbia, Florida, Georgia, Kentucky, Louisiana, Maine, Maryland, Massachusetts, Mississippi, New Hampshire, New Jersey, New Mexico, New York, North Carolina, Puerto Rico, Rhode Island, South Carolina, South Dakota Oklahoma, Tennessee, Texas, Vermont, Virginia, U.S. Virgin Islands, or West Virginia	For U.S. Postal Service (USPS): USCIS P.O. Box 660060 Dallas, TX 75266 For FedEx, UPS, and DHL deliveries: USCIS Attn: N-400 2501 S. State Hwy. 121 Business Suite 400 Lewisville, TX 75067
Illinois, Indiana, Iowa, Michigan, Minnesota, Missouri, Ohio, Pennsylvania, Wisconsin,	For U.S. Postal Service (USPS): USCIS P.O. Box 4380 Chicago, IL 60680-4380 For FedEx, UPS, and USCIS Attn: N-400 131 S. Dearborn, 3rd Floor Chicago, IL 60603-5517

j.- Costo del formulario N-400

La tarifa para presentar el formularioN-400 es de 640$ y también le puede ser requerido un pago de 85$ por concepto de servicio de toma de huellas y datos biométricos, si Usted es menor de 75 años al momento de presentar el formulario. Si Usted posee 75 años o mas o presenta la solicitud bajo las disposiciones militares estará exento del pago de los servicios biométricos.

k.- La entrevista para la naturalización

Una vez enviado el formulario N-400 con su respectivas tarifas y una vez tomadas las huellas y datos biométricos, Usted recibirá un carta del Servicio de Inmigración y Ciudadanía de los Estados Unidos (UCSIS en sus siglas en inglés), en la cual le indicará la fecha y hora en la cual presentará su examen de naturalización.

En la fecha prevista para su examen, Usted será entrevistado en la oficina en la cual fue citado, por un oficial de inmigración elegido aleatoriamente. Antes de iniciar el examen, el oficial le hará prestar juramento y comenzará su examen. Es importante destacar, que el oficial de inmigración en todo momento esta evaluando su habilidad para hablar el inglés.

Aunque no todas las entrevistas son iguales, normalmente, el oficial comienza realizando un revisión y preguntándole sobre la información que Usted suministró en su formulario N-400 y sobre sus antecedentes, verificando si existe algún error o modificación y corrigiéndola de ser necesario.

Posteriormente, siendo que una vez culminada con el formulario N-400, el oficial le realizará, siempre y cuando no goce de una exención, una prueba de inglés y de educación cívica.

Con respecto al examen de inglés, se le realizará un examen oral, el cual será determinado por el oficial del UCSIS mientras dura la entrevista de elegibilidad, en base al formulario N-400, luego se le realizará un examen de lectura, en el cual se le pedirá leer una o dos oraciones correctamente en inglés y se le pedirá escribir de una a tres oraciones en inglés para demostrar su habilidad de escritura.

Finalmente, se le realizará el examen de civismo, en el cual se le realizarán un total de 10 preguntas al azar sobre una lista de 100 existentes. Usted deberá responder correctamente 6 de esas 10 preguntas para aprobar el examen de civismo.

Si Usted pasa satisfactoriamente las condiciones de elegibilidad y los exámenes de inglés y de cívica, se le dará la bienvenida a los Estados Unidos y se le hará prestar nuevamente juramento como ciudadano americano y suscribir el formulario N-400.

Posterior a la entrevista, se le enviará la notificación por escrito de su aprobación y se le dirá cuando puede ser juramentado en ceremonia como ciudadano de los Estados Unidos de América.

Si en cambio, Usted falla en aprobar el examen de inglés o de cívica, se le fijará una nueva fecha dentro los 90 días siguientes para que sea reexaminado en el examen que no pudo aprobar.

CAPÍTULO XI
PREGUNTAS FRECUENTES

¿Tiene algún costo la planilla I-589?

No, la planilla I-589 no tiene ningún costo y puede ser descargada gratuitamente de la página oficial del servicio de inmigración de los Estados Unidos.

¿Debo realizar algún pago por introducir planilla I-589?

La presentación de la planilla I-589 ante el servicio de inmigración no tiene ningún costo. El uso de abogados o expertos puede generar costos adicionales, por lo que debe aclarar bien con su abogado o experto antes de iniciar el proceso.

¿Puedo aplicar por el asilo después de un año de mi entrada a los Estados Unidos?

El tiempo para aplicar a la protección del asilo, es de un año a partir de la entrada a los Estados Unidos; en el caso de aplicar posterior al año, se debe demostrar las circunstancias que afectaron directamente y que evitaron que se aplicara dentro del año establecido, lo cual podría ser aceptado por el oficial de inmigración en diversos supuestos.

¿Si tengo visa de turista o de estudiante puedo aplicar por el asilo?

Se puede aplicar al asilo independientemente del estatus migratorio, en todo caso, el solicitante debe demostrar que las condiciones ocurrieron mientras se encontraba en dicho estatus y que no se mintió con respecto a las intensiones al entrar a los Estados Unidos.

¿Puedo incluir a mi hijo mayor de 21 años en mi solicitud de asilo?

No, los hijos de 21 años o mayores deben presentar una solicitud independiente a la de los padres.

Si no poseo o es imposible conseguir el certificado de matrimonio de mi esposa o la partida de nacimiento de mis hijos ¿puedo incluirlos igualmente en mi aplicación?

Si, pero en todo caso debe presentar evidencia secundaria que demuestre que la relación con su esposa e hijos. Dentro de esta evidencia puede consignar récords médicos, certificados religiosos, récords colegiales o cualquier otro que permita al oficial verificar la relación entre el aplicante y los beneficiarios. Igualmente, podrá consignar una declaración jurada, ya sea de un familiar u otra persona, que pueda dar constancia de la relación existente.

¿Puedo trabajar al introducir mi solicitud de asilo?

No, la sola introducción del asilo, no otorga automáticamente permiso para trabajar legal en los Estados Unidos; sin embargo, si su aplicación se encuentra pendiente por mas de 150 días, Usted podrá aplicar a un permiso de trabajo.

¿Tiene algún costo la solicitud inicial para el permiso de trabajo?

No, la aplicación inicial para solicitantes de asilo, no tiene ningún costo.

¿La renovación de mi permiso de trabajo tiene algún costo?

Si, la forma I-765 para la renovación del permiso de trabajo, tiene un costo de $410, según las tarifas aprobadas por el Servicio de Inmigración y Ciudadanía de los Estados Unidos de América (UCSIS en sus siglas en inglés).

¿Cómo deben ser las fotografías para el documento de autorización de trabajo?

Deben ser tamaño 2 x 2, estilo pasaporte, a color, con fondo blanco y que se vea la totalidad de la cara.

¿Cuánto tiempo dura mi documento de autorización de empleo?

Para todas aquellas aplicaciones que estuvieran pendientes al 5 de octubre de 2016 y posteriores, el documento de autorización de viaje tendrá una duración de 2 años.

¿Cuánto tiempo antes puede renovar mi documento de autorización de empleo?

Hasta 180 días antes del vencimiento del documento de autorización de empleo anterior.

¿Cuántas veces puedo renovar mi documento de autorización de empleo?

Mientras su aplicación de asilo se encuentre pendiente y no se haya producido una negativa de parte del Servicio de Inmigración y Ciudadanía, Usted podrá renovar continuamente su documento de autorización de empleo.

¿Qué pasa si mi documento de autorización de empleo tiene un error en los datos?

Si el error es atribuido a Usted, deberá enviar una nueva forma I-765 y pagar la tasa correspondiente. Si es atribuida a UCSIS debe enviar una carta explicativa al centro de servicio que le aprobó el documento y no deberá pagar ninguna tasa.

¿Necesito un número de seguro social para trabajar?

Para poder trabajar en los Estados Unidos de América Usted debe obtener un autorización de empleo y su número de seguro social.

¿Puedo viajar al extranjero mientras mi solicitud de asilo esta pendiente?

Usted debe obtener un Permiso Adelantado de Reingreso (Advance Parole en inglés) antes de viajar al extranjero, sino se considerará que abandonó su solicitud de asilo.

Soy solicitante de asilo y tengo la boda de un familiar, ¿Puedo solicitar un procesamiento expedito para viajar al extranjero para asistir a su boda mientras mi solicitud de asilo esta pendiente?

Los viajes de trabajo, bodas, fiestas de día festivos y cualquier otro evento planeado no puede considerarse como una situación de emergencia.

¿Puedo viajar a mi país de origen o del cual solicite protección?

Usted podría perder el estatus de asilado o refugiado otorgado por los Estados Unidos de América, si este determina que Usted se acogió voluntariamente a la protección otorgada por su país de origen o de residencia habitual o por cuanto Usted haya adquirido una nueva nacionalidad de un tercer país o que ya no reúna las condiciones para ser asilado debido a cambios fundamentales en las circunstancias que dieron origen a la solicitud de asilo. Si se determina que Usted mintió o realizó fraude en la solicitud para obtener la condición de asilo o se determina que en realidad Usted no era un refugiado cuando fue admitido en los Estados Unidos.

¿Cuánto tarda que me fijen mi entrevista de asilo?

Visto el aumento de solicitudes presentadas en los últimos años, el tiempo de espera para la entrevista han aumentado considerablemente, consulte en la página web de UCSIS su categoría de prioridad y su fecha estimada de entrevista.

¿Con quién debo asistir a mi entrevista de asilo?

A la entrevista de asilo debe asistir el solicitante o peticionario de la solicitud de asilo, su cónyuge y los hijos que hayan sido incluidos como beneficiarios de la solicitud.

¿Cuánto dura la entrevista?

La entrevista dura alrededor de una hora; sin embargo, todas las entrevistas son distintas, el oficial de la entrevista puede extenderse realizando ciertas preguntas o verificando ciertos datos aportados por el solicitante.

¿Cuál es el próximo paso si me aprueba la solicitud de asilo en la entrevista?

En el caso de ser aprobado, el solicitante y sus beneficiarios recibirán una notificación por escrito por parte del UCSIS mediante la cual se le otorga el estatus de asilado o refugiado.

¿Qué pasa si me niegan la solicitud de asilo en la entrevista?

Enviará el caso a un Juez de Inmigración en la Oficina Ejecutiva para la Revisión de Casos de Inmigración (EOIR por sus siglas en inglés). El juez de inmigración realizará una nueva revisión al caso, en la cual el Juez podrá revisar las pruebas y documentos presentados en la oficina de asilo o incluso nuevas pruebas entregadas en la Corte de inmigración y en base a ello emitirá una decisión independiente a la formulada por el USCIS

¿Después de aprobado mi asilo cuando puedo pedir mi residencia permanente?

Usted puede pedir su residencia permanente al año de haber obtenido su estatus de asilado, siempre y cuando cumpla con lo requisitos exigidos.

Obtuve mi residencia permanente a través del asilo ¿Cuánto tiempo después puedo pedir mi ciudadanía?

Usted puede pedir su ciudadanía a los 5 años de haber obtenido su residencia permanente.

Made in the USA
Monee, IL
02 June 2021